2025/2026

Zahnmedizinische Fachangestellte (ZFA)

Prüfungswissen

Schnell & Einfach

Sicher durch die gestreckte Abschlussprüfung (GAP)

1500
Test-Fragen
zur optimalen Vorbereitung

FRIEDERIKE STAHL

INHALTSVERZEICHNIS

Einleitung

Herzlich willkommen zu deinem Begleiter für die Prüfungsvorbereitung in der Zahnmedizin! Dieses Buch soll dir helfen, dein zahnmedizinisches Fachwissen zu vertiefen und zu festigen.

Aufbau des Buches

Im Buch findest du 1500 Aussagen, die entweder richtig oder falsch sind. Die Aussagen beziehen sich direkt auf Schlüsselbegriffe und Fakten, die in der zahnärztlichen Praxis und in Prüfungen relevant sind. Die einfache Struktur erleichtert es dir, schnell verschiedene Aspekte des Prüfungswissens abzudecken. Da die Aussagen entweder mit „Richtig" oder „Falsch" beantwortet werden, erhältst du sofort Rückmeldung darüber, ob du den Stoff verstanden hast bzw. noch Unsicherheiten bestehen. Am Ende des Buches findest du den Antwortschlüssel.

Abdeckung der wichtigsten Prüfungsthemen

Das Buch behandelt die zentralen Themen, die in der zahnmedizinischen Prüfung von Bedeutung sind, wie Anatomie und Physiologie der Mundhöhle, Kariesentstehung und -prophylaxe, Parodontologie, endodontische Behandlungen, prothetische Versorgung, orale Chirurgie, Pharmakologie in der Zahnmedizin sowie rechtliche und ethische Aspekte der Zahnheilkunde.

Es ist wichtig zu betonen, dass die Aussagen in diesem Buch zwar die Kernthemen abdecken, aber nicht identisch mit den Fragen in der eigentlichen Prüfung sind. Das Buch dient als Instrument zur Selbstkontrolle, das dir hilft, Bereiche zu identifizieren, in denen du noch Vertiefungsbedarf hast.

Optimale Nutzung des Buches

Es wird empfohlen, die Aussagen auf einem separaten Blatt Papier oder in einem Notizbuch zu beantworten. So kannst du das Buch später erneut nutzen und einzelne Aussagen wiederholen, ohne durch bereits markierte Antworten abgelenkt zu werden.

Wenn du eine Aussage falsch beantwortest, nimm dir die Zeit, das entsprechende Thema zu wiederholen. Gehe zurück zu den Grundlagen und lies ergänzendes Material aus deinen Lehrbüchern oder wissenschaftlichen Quellen, um dein Verständnis zu vertiefen. Beachte, dass in diesem Buch keine Erklärungen angegeben sind. Dies soll dich ermutigen, selbst zu recherchieren, warum eine Aussage richtig bzw. falsch ist.

Ein Schlüsselfaktor bei der Prüfungsvorbereitung ist die regelmäßige Wiederholung des Lernstoffs. Dieses Buch bietet dir die perfekte Gelegenheit, kontinuierlich zu üben und dein zahnmedizinisches Wissen regelmäßig zu überprüfen.

Mit diesem Buch hast du ein wertvolles Werkzeug für deine erfolgreiche Prüfungsvorbereitung in der Zahnmedizin in der Hand. Nutze es regelmäßig, beantworte die Aussagen auf separatem Papier und lass dich von falschen Antworten nicht entmutigen. Jede falsch beantwortete Aussage ist eine Chance, zu lernen und dich zu verbessern.

Viel Erfolg bei deiner zahnmedizinischen Prüfungsvorbereitung!

Richtig Oder Falsch?

Hygienemanagement

In diesem Kapitel testest du dein Grundlagenwissen zur Hygiene als Lehre der Krankheitsverhütung. Die Inhalte umfassen Arbeitsplatzhygiene, persönliche Hygiene und den Einsatz persönlicher Schutzausrüstung. Du lernst die verschiedenen Aspekte der Infektionsprävention kennen, die für einen sicheren Praxisablauf unerlässlich sind.

Richtig oder falsch?

1) Hygiene ist die Lehre von der Verhütung von Krankheiten und umfasst alle Maßnahmen zur Förderung und Erhaltung der Gesundheit.

2) Hygiene beschäftigt sich nur mit der Behandlung von bereits eingetretenen Krankheiten.

3) Zur Hygiene gehören Vorbeugung von Infektionskrankheiten, Arbeitsplatzhygiene und persönliche Hygiene.

4) Persönliche Schutzausrüstung (PSA) ist ein wichtiger Bestandteil der Hygienemaßnahmen.

5) Arbeitsplatzhygiene umfasst nur die Reinigung, aber nicht Desinfektion und Sterilisation.

6) Prävention und Prophylaxe bedeuten dasselbe wie Vorbeugung.

7) Hygienemaßnahmen sind nur in Krankenhäusern, aber nicht in Zahnarztpraxen notwendig.

8) Die persönliche Hygiene hat keinen Einfluss auf die Gesunderhaltung.

Mikrobiologische Grundlagen

Hier testest du dein Wissen über die Welt der Mikroorganismen und ihre Bedeutung für die Zahnmedizin. Das Kapitel behandelt Bakterien, Viren, Pilze und Protozoen - sowohl die harmlosen als auch die krankheitserregenden Arten. Du prüfst dein Verständnis zu deren Aufbau, Vermehrung und die von ihnen verursachten Erkrankungen.

Richtig oder falsch?

9) Mikrobiologie ist die Lehre von den Kleinlebewesen (Mikroorganismen).

10) Alle Mikroorganismen sind grundsätzlich krankheitserregend und schädlich für den Menschen.

11) Ohne Mikroorganismen ist keine Verdauung und Blutgerinnung möglich.

12) Bakterien vermehren sich durch Zellteilung mit einer Verdopplung etwa alle 20 Minuten.

13) Viren sind etwa hundertmal größer als Bakterien.

14) Viren haben einen eigenen Stoffwechsel und können sich selbstständig vermehren.

15) Bakterien können widerstandsfähige Dauerformen (Sporen) bilden.

16) Pilze sind etwa zehnmal größer als Bakterien und können sich aktiv fortbewegen.

17) Gramnegative Bakterien färben sich bei der Gram-Färbung rot und haben eine dünne Zellwand.

18) Prionen werden zu den Mikroorganismen gezählt und besitzen einen eigenen Stoffwechsel.

19) Protozoen sind tierische Einzeller und können Malaria und Toxoplasmose verursachen.

20) Viren sind nur mit dem Elektronenmikroskop sichtbar und benötigen Wirtszellen zur Vermehrung.

Infektionsschutz

Dieses Kapitel testet dein Wissen über Infektionswege, den Ablauf von Infektionskrankheiten und relevante Erreger in der zahnärztlichen Praxis. Besonderer Fokus liegt auf Hepatitis, HIV und den entsprechenden Schutzmaßnahmen. Du überprüfst auch dein Verständnis zu Impfungen und Postexpositionsprophylaxe.

Richtig oder falsch?

21) Als Infektion wird das Eindringen von Krankheitserregern in den Körper und die anschließende Vermehrung bezeichnet.

22) Ob aus einer Infektion eine Infektionskrankheit entsteht, hängt nur von der Menge der Erreger ab.

23) Die Virulenz beschreibt die krankmachende Wirkung der Erreger.

24) Tröpfcheninfektion erfolgt durch Übertragung von Tröpfchen mit Krankheitserregern beim Niesen oder Husten.

25) Perkutane Infektion bedeutet Übertragung von Erregern durch die Haut, z.B. durch Nadelstiche.

26) Die Inkubationszeit ist die Zeit nach der Infektionskrankheit bis zur vollständigen Gesundung.

27) Hepatitis B wird nur durch kontaminiertes Wasser und Lebensmittel übertragen.

28) Gegen Hepatitis C ist eine Impfung möglich.

29) HIV-Viren sind etwa hundertmal infektiöser als Hepatitis-B-Viren.

30) Bei einer aktiven Impfung wird das Immunsystem zur Antikörperbildung aktiviert.

31) Eine passive Impfung bietet Sofortschutz nach wenigen Stunden, wirkt aber nur wenige Wochen.

32) Eine Postexpositionsprophylaxe (PEP) ist gegen HIV und HBV möglich und kann das Infektionsrisiko senken.

Desinfektionsverfahren

Hier testest du dein Wissen über die verschiedenen Desinfektionsver-
fahren und Sterilisationsmethoden. Das Kapitel umfasst chemische und
thermische Desinfektion, maschinelle Verfahren sowie die korrekte An-
wendung von Desinfektionsmitteln und deren Wirkspektrum.

Richtig oder falsch?

33) Die Desinfektion umfasst alle Maßnahmen zur Inaktivierung und teilweisen Abtötung von Krankheitserregern.

34) Antisepsis bedeutet Infektionsverhütung durch Entfernen oder Abtöten von Krankheitserregern.

35) RDG steht für "Reinigungs- und Desinfektionsgerät" und wird auch Thermodesinfektor genannt.

36) Die thermische Desinfektion im RDG erfolgt bei 93°C heißem Wasser für mindestens 10 Minuten.

37) Bei der RDG-Beladung sollten Instrumente von "vorne nach hinten" eingeräumt werden.

38) Desinfektionsmittel sollten VAH gelistet sein.

39) Bakterizid bedeutet Bakterien abtötend, bakteriostatisch bedeutet Bakterienwachstum hemmend.

40) Die hygienische Händedesinfektion erfolgt mit 3-4 ml Desinfektionsmittel für 30-60 Sekunden.

41) Die chirurgische Händedesinfektion dauert nur 1-2 Minuten und erfolgt ohne sterile Handschuhe.

42) Sterilisation ist die Abtötung aller Mikroorganismen sowie ihrer Dauerformen (Sporen).

43) Asepsis bedeutet Zustand völliger Keimfreiheit.

44) Der Typ B-Dampfsterilisator erzeugt während der Entlüftung mehrmals ein Vakuum.

45) Im Dampfsterilisator wird mit einem Druck von 2-3 bar und Temperaturen von 121-134°C gearbeitet.

46) Die Abtötungszeit beträgt 20 Minuten bei 121°C oder 5 Minuten bei 134°C.

47) Der Helixtest ist ein Chemoindikator bei Sterilisation von Hohlkörpern und simuliert den "worst case".

48) Die Sprühdesinfektion ist sicher und ungefährlich für die Gesundheit.

Instrumentenaufbereitung

In diesem Bereich testest du dein Wissen über den kompletten Aufbereitungszyklus von Medizinprodukten. Von der Risikobewertung über Reinigung und Desinfektion bis hin zur Sterilisation und Freigabe. Die Einstufung in verschiedene Risikogruppen und entsprechende Aufbereitungsverfahren stehen im Mittelpunkt.

Richtig oder falsch?

49) Der maximale Zeitraum bis zur Aufbereitung muss in der Prozessbeschreibung festgelegt werden, um Antrocknung zu minimieren.

50) Der Hygieneplan beschreibt verständlich wer, was, wie, womit, wann zu tun hat.

51) Im Aufbereitungsbereich erfolgt die Risikobewertung und Einstufung von Medizinprodukten.

52) Eine Nasslagerung in Reinigungslösung ist der Trockenlagerung vorzuziehen.

53) Unkritische Medizinprodukte kommen nur mit intakter Haut in Berührung.

54) Semikritische Medizinprodukte kommen mit Schleimhaut oder krankhaft veränderter Haut in Kontakt.

55) Kritische Medizinprodukte durchdringen die Haut oder Schleimhaut und kommen mit Blut in Berührung.

56) Ein Anmischspatel ist ein Beispiel für ein semikritisches Medizinprodukt.

57) Semikritische MP der Gruppe B haben Hohlräume oder schwer zugängliche Teile.

58) Kritische MP der Gruppe A werden grundsätzlich unverpackt sterilisiert.

59) Für die Einordnung der Medizinprodukte ist nicht die Art des Instruments entscheidend, sondern wofür es eingesetzt wird.

60) Ein Spiege mit Schleimhautkontakt ist als semikritisches Medizinprodukt einzustufen.

61) Grobe Verschmutzungen sollen unmittelbar nach der Behandlung am Behandlungsplatz entfernt werden.

62) Eine Zwischenlagerung in Wasser ist wegen der Gefahr der Korrosion zu vermeiden.

63) Bei der Freigabe von aufbereiteten Medizinprodukten muss eine freigabeberechtigte Person unterschreiben.

64) Hand- und Winkelstücke bei chirurgischen Behandlungen gehören zu den kritischen MP der Gruppe B.

Wasserhygiene in der Praxis

Dieses Kapitel behandelt die Hygiene wasserleitender Systeme in der Zahnarztpraxis. Du testest dein Wissen über Biofilmbildung, relevante Mikroorganismen wie Legionellen und Pseudomonas, sowie über Maßnahmen zur Vermeidung und Bekämpfung von Kontaminationen.

Richtig oder falsch?

65) Zu den wasserführenden Systemen gehören Mehrfunktionsspritze, Kupplungen, Motoren und Instrumentenschläuche.

66) Nicht abnehmbare Ultraschallhandstücke und Spülbecherfüller zählen nicht zu den wasserführenden Systemen.

67) Mikroorganismen aus dem Trinkwasser können an der Innenwandung der Leitungen Biofilme bilden.

68) Biofilme entstehen nur bei bewegtem Wasser, nicht in Stillstandsphasen.

69) Legionellen sind die größte Gruppe von Mikroorganismen im Trinkwasser-Biofilm.

70) Pseudomonas aeruginosa ist ein grampositives Stäbchenbakterium und ein schlechter Biofilm-Bildner.

71) Das Einatmen Legionellen-haltiger Sprühnebel kann zu Pontiac-Fieber oder Legionärskrankheit führen.

72) Wasserführende Systeme sollten am Beginn des Arbeitstages für 2 Minuten durchgespült werden.

73) Nach jeder Behandlung sollten die Kühlwasser-Entnahmestellen für mindestens 20 Sekunden durchgespült werden.

74) Intensiventkeimungen sind nur nach dem Urlaub, nicht nach Wochenenden notwendig.

75) Die mikrobiologische Überprüfung der Wasserqualität sollte alle 6 Monate erfolgen.

76) Mehrere Hunderte Legionellen können in einer Amöbe sein und durch deren Zerstörung freigesetzt werden.

Patientenkommunikation und -betreuung

Hier testest du dein Wissen über erfolgreiche Kommunikation in der Zahnarztpraxis. Das Kapitel umfasst verbale und nonverbale Kommunikation, den professionellen Patientenempfang, Telefontechniken und den Umgang mit verschiedenen Patientengruppen und schwierigen Situationen.

Richtig oder falsch?

77) Verbale Kommunikation umfasst nur gesprochene Worte und Sätze.

78) Nonverbale Kommunikation erfolgt mittels Gestik, Mimik oder optischen Zeichen.

79) Bei Patientinnen und Patienten sollte viel Fachsprache verwendet werden.

80) Blickkontakt vermeiden kann Unsicherheit oder Ängstlichkeit bedeuten.

81) Der empfohlene Abstand für Nähe beträgt 1,50 m - 2 m.

82) Schnelle Atmung kann ein Zeichen von Aufregung sein.

83) Bei medienvermittelter Kommunikation wird kein Medium zwischen Sender und Empfänger geschaltet.

84) Aufrechter Rücken signalisiert Selbstvertrauen und Stolz.

85) Die GNA-Regel steht für Gruß - Name - Anliegen.

86) Kinder bis 16 Jahre werden mit "Sie" und Nachnamen angesprochen.

87) Bei Patientenandrang am Empfang sollte man mit mehreren Patienten gleichzeitig sprechen.

88) Das Tragen eines Namensschildes ist empfohlen.

89) Bei Stammpatienten muss die eGK bei jedem Besuch geprüft werden.

90) Für Neupatienten sollte eine längere Behandlungszeit eingeplant werden.

91) Eine fehlende eGK kann binnen zehn Tagen nachgereicht werden.

92) Kinder und Schmerzpatienten sollen sofort einbestellt werden.

93) Die erste Prophylaxe-Sitzung bei Kindern dauert 15-30 Minuten.

94) Privatpatienten müssen eine Datenschutzerklärung unterschreiben.

95) Bei Notfällen mit Blutungen ist sofort der Zahnarzt hinzuzuziehen.

96) Die Beratungsdauer für erwachsene Vorsorge-Patienten beträgt 45-60 Minuten.

97) Beim Aufrufen sollte der Grund für die Behandlung genannt werden.

98) Bei längeren Verzögerungen über 5 Minuten sollte eine gesonderte Information erfolgen.

99) Der Spülbecher sollte bereits vor Ankunft des Patienten aufgefüllt werden.

100) Bei Notfällen sollten Puls und Blutdruck gemessen werden.

101) Röntgenaufnahmen sind bei Schwangerschaft grundsätzlich verboten.

102) Marcumar sollte vor operativen Eingriffen nach Rücksprache mit dem Hausarzt abgesetzt werden.

103) Die Bonusregelung sollte bei prothetischer Beratung erläutert werden.

104) Prophylaxemaßnahmen umfassen nur die Verwendung von Zahnbürste und Zahnpasta.

105) Röntgenaufnahmen müssen zusätzlich im Röntgenkontrollbuch dokumentiert werden.

106) Die Herausgabe von Krankenakten an Patienten ist grundsätzlich erlaubt.

107) Die erste Kopie der vollständigen Patientenakte ist kostenlos.

108) Bei Arbeitsunfällen erfolgt eine gesonderte Abrechnung über BG bzw. GUV.

109) Neue Termine sollten im Terminplaner eingetragen und ein Terminzettel mitgegeben werden.

110) Zu den mitzugebenden Unterlagen gehören E-Rezepte, AU und Atteste.

111) Ein Recall-Angebot ist bei der Verabschiedung nicht notwendig.

112) Wichtige Informationen wie Termine sollten bei der Verabschiedung wiederholt werden.

113) Bei der Schmerzanamnese am Telefon sollten W-Fragen gestellt werden.

114) Geschlossene Fragen führen zu einer Entscheidung mit ja oder nein.

115) In der deutschen Buchstabiertafel wird A wie "Adam" buchstabiert.

116) Kinder und Schmerzpatienten sollten sofort einbestellt werden.

117) Auf einer Telefonliste muss Datum und Uhrzeit des Anrufs vermerkt werden.

118) Bei Vielrednern sollte man sie immer ausreden lassen ohne zu unterbrechen.

119) Die Kurzwahl-Funktion dient zum Speichern häufig genutzter Telefonnummern.

120) Bei aggressiven Anrufern sollte man durchatmen, zuhören und Verständnis zeigen.

121) Zu den Vorteilen eines Faxgerätes gehören preiswert, schnell und Beweismittel.

122) Ein Faxgerät kann im Nebenraum aufgestellt werden.

123) Ein Sendebericht muss nicht erstellt werden.

124) Die Möglichkeit eines Testfaxes ist eine Besonderheit von Faxgeräten.

125) Wichtige Dokumente wie Mietverträge sollten per E-Mail versendet werden.

126) Zu den Vorteilen von E-Mails gehören Schnelligkeit und Kostenfreiheit.

127) Die maximale Länge einer E-Mail sollte ca. DIN A5 betragen.

128) Netiquette-Regeln umfassen korrekten Satzbau und das Weglassen überflüssiger Informationen.

129) Angstpatient-Kinder sollten zuerst begrüßt und mit Vornamen angesprochen werden.

130) Bei Senioren sollte man schnell und in langen Sätzen sprechen.

131) Schwerhörige sollten immer von vorne angesprochen werden.

132) Sehbehinderte müssen sich nicht mit Namen und Funktion vorgestellt werden.

133) Bei Personen aus anderen Kulturen sollte kulturfremdes Verhalten bewertet werden.

134) Menschen mit geistiger Behinderung sollten eine Begleitperson dabeihaben.

135) Bei Risikopatienten mit Herzerkrankungen muss Marcumar vor Eingriffen abgesetzt werden.

136) Anspruchsvolle Patienten sollten über IGeL-Leistungen informiert werden.

137) Bei ausschweifenden Patienten sollte der Redeschwall sofort unterbrochen werden.

138) Aggressive Patienten sollten vor anderen Patienten angesprochen werden.

139) Bei Schmerzpatienten sollten kleine Pausen eingelegt werden.

140) Senioren benötigen keine Hilfe beim Ausfüllen des Anamnesebogens.

141) Bei Gehörlosen sollte die Gestik verstärkt werden.

142) Blinde Patienten sollten zuerst angesprochen, dann angefasst werden.

143) Bei Personen aus anderen Ländern können digitale Übersetzungsprogramme hilfreich sein.

144) Psychisch Erkrankte benötigen klare und verständliche Anweisungen.

145) Bei Schwerkranken sollte persönliche Distanzzone geschaffen werden.

146) Diabetiker haben keine besonderen Risiken bei zahnärztlichen Behandlungen.

147) Bei Allergien gegen Latex müssen besondere Vorkehrungen getroffen werden.

148) Bei Notfallpatienten sollte sofort der Zahnarzt informiert werden.

149) Du-Botschaften können Anschuldigungen und Angriffe darstellen.

150) Schlechte Telefonleitung kann eine Ursache für Kommunikationsstörungen sein.

151) Bei gelingender Kommunikation sollte man Du-Botschaften statt Ich-Botschaften verwenden.

152) Verbale und nonverbale Signale sollten übereinstimmen.

153) Killerphrasen umfassen ignorieren, beleidigen und verallgemeinern.

154) Die Tagesform des Empfängers hat keinen Einfluss auf die Kommunikation.

155) Wertschätzende Kommunikation bedeutet, eigene Bedürfnisse und Gefühle zu nennen.

156) Fachsprache sollte immer verwendet werden, um kompetent zu wirken.

Orale Anatomie und Pathologie

In diesem Bereich testest du das fundamentale Wissen der Zahnmedizin. Du prüfst dein Verständnis zum systematischen Behandlungsablauf, Aufbau und Funktion der Mundhöhle, des Rachens sowie über Kau- und Schluckakt. Grundlagen der Anatomie und Physiologie stehen im Mittelpunkt.

Richtig oder falsch?

157) Ein systematischer Behandlungsablauf beginnt mit der Anamnese.

158) Die spezielle Anamnese umfasst Vorerkrankungen und Medikamente.

159) Palpation bedeutet Abtasten von Mundschleimhaut und Kaumuskeln.

160) Die vier Hauptschritte sind Anamnese, Befunderhebung, Diagnose und Therapie.

161) Die Speicheldrüsen produzieren täglich etwa einen Liter Speichel.

162) Die Ohrspeicheldrüse mündet im Mundboden.

163) Speichel besteht zu 99% aus Wasser.

164) Die Mukogingivalgrenze ist der Übergang zwischen Mundschleimhaut und Zahnfleisch.

165) Der Rachen wird in drei Bereiche unterteilt: Nasenrachen, Mundrachen und unteren Rachenraum.

166) Der Rachen ist ein Muskelschlauch mit Schleimhaut ausgekleidet.

167) Der Rachen dient nur als Luftweg beim Atmen.

168) Die Tuba auditiva sorgt für Druckausgleich zwischen Rachen und Mittelohr.

169) Die Zähne zerkleinern die Nahrung.

170) Die Zunge transportiert Nahrung Richtung Rachen.

171) Im Mesopharynx kreuzen sich Atem- und Speiseweg.

172) Das Gaumensegel schließt sich und verschließt den Nasenrachen.

173) Der Kehldeckel wird auch Epiglottis genannt.

174) Die Epiglottis verschließt die Luftröhre beim Schlucken.

175) Im Hypopharynx werden Atem- und Speiseweg getrennt.

176) Beim Schlucken gelangt Nahrung in die Speiseröhre.

177) Luft gelangt beim Atmen in die Luftröhre.

178) Der Nasopharynx wird beim Schlucken verschlossen.

179) Die Nahrung wird direkt vom Mund in die Luftröhre transportiert.

180) Das Gaumensegel öffnet sich beim Schlucken.

181) Der Kehldeckel öffnet sich beim Schlucken.

182) Atem- und Speiseweg sind immer getrennt.

183) Die Zunge spielt keine Rolle beim Schluckvorgang.

184) Im Mundhöhlenbereich findet nur das Kauen statt.

185) Das Milchgebiss besteht aus insgesamt 20 Zähnen.

186) Milchzähne sind größer und dunkler als bleibende Zähne.

187) Das Wechselgebiss beginnt etwa im sechsten Lebensjahr.

188) Ersatzzähne ersetzen die vorhandenen Milchzähne.

189) Retinierte Zähne sind im Knochen zurückgehaltene Zähne.

190) Bei regelrechter Okklusion ragen OK-Frontzähne 1-2 mm über UK-Frontzähne.

191) Schmelz ist die härteste Substanz des Körpers.

192) Der Hydroxylapatitanteil im Schmelz beträgt etwa 69%.

193) Ameloblasten können nach dem Zahndurchbruch neuen Schmelz bilden.

194) Wurzelzement wird lebenslang durch Zementoblasten gebildet.

195) Die Pulpa besteht aus Blut-, Nerven- und Lymphgefäßen sowie Bindegewebe.

196) Odontoblasten sind für die Dentinbildung zuständig.

197) Die marginale Gingiva ist fest mit dem Alveolarknochen verwachsen.

198) Sharpey-Fasern sorgen für die Verbindung zwischen Zahn und Alveolarknochen.

199) Die Zahnentwicklung beginnt im vierten Schwangerschaftsmonat.

200) Osteoblasten sind Knochen abbauende Zellen.

201) Der Unterkiefer ist der einzige bewegliche Knochen des Schädels.

202) Das Foramen mentale liegt im Bereich der Molaren.

203) Die Kieferhöhle hat besondere Bedeutung in der Zahnheilkunde.

204) Der Knochenaufbau von außen nach innen ist: Periost, Kompakta, Spongiosa, Knochenmark.

205) Das Stirnbein gehört zu den Gesichtsschädelknochen.

206) Der aufsteigende Ast des Unterkiefers hat zwei Fortsätze: Muskelfortsatz und Gelenkfortsatz.

207) Es gibt nur drei Nasennebenhöhlen: Kieferhöhle, Stirnhöhle und Keilbeinhöhle.

208) Das zentrale Nervensystem besteht aus Gehirn und Rückenmark.

209) Der Sympathikus ist der "Ruhenerv" des autonomen Nervensystems.

210) Der N. trigeminus ist der V. Hirnnerv.

211) Der N. facialis versorgt die Kaumuskulatur motorisch.

212) Der N. trigeminus teilt sich in vier Hauptäste auf.

213) Die OK-Zähne werden durch die Nn. alveolares superiores sensibel versorgt.

214) Der N. mentalis ist ein Ast des N. alveolaris inferior.

215) Bei UK-Anästhesie kann auch die Zunge betäubt werden durch den N. lingualis.

216) Sensible Nervenfasern leiten Informationen vom ZNS zu den Muskeln.

217) Die Infiltrationsanästhesie funktioniert bei allen Zähnen gleich gut.

218) Aspiration bedeutet das Zurückziehen des Kolbens zur Überprüfung auf Blutgefäße.

219) Die intraligamentäre Anästhesie ist für alle Behandlungen geeignet.

220) Lokalanästhetika enthalten meist Vasokonstrigens wie Adrenalin.

221) Das Kleinhirn ist für Bewusstsein und Denken zuständig.

222) Anastomosen sind natürliche Verbindungen zwischen Nervenfasern.

223) Der M. masseter gehört zur Unterkieferöffnungsmuskulatur.

224) Der M. temporalis ist für den Kieferschluss zuständig.

225) Der M. pterygoideus lateralis bewirkt Vorschub des UK und Seitwärtsbewegung.

226) Die Artikulation des UK entsteht durch Abwechslung zwischen M. pterygoideus lateralis und medialis.

227) Das Kiefergelenk liegt jeweils vor dem Gehörgang.

228) Bei einer Kieferklemme kann der Mund nicht mehr geschlossen werden.

229) Das Kiefergelenk enthält eine Knorpelscheibe (Discus articularis).

230) Kauen ist eine Kombination aus Dreh-Gleit- und Seitwärtsbewegung.

231) Eine Gingivitis ist bei rechtzeitiger Behandlung komplett heilbar (reversibel).

232) Eine Parodontitis ist vollständig heilbar und alle Schäden regenerieren sich von allein.

233) Pilzerkrankungen (Mykosen) zeigen sich als weiße, abwischbare Beläge auf geröteter Schleimhaut.

234) Leukoplakie zeigt sich als weiße, abwischbare Flecken auf der Mundschleimhaut.

235) Bei Herzschrittmacher-Trägern können Ultraschallgeräte Störungen verursachen.

236) Eine Endokarditisprophylaxe ist bei Patienten mit Herzklappenfehler erforderlich.

237) Bei Schwangeren ist im letzten Drittel eine Rückenlagerung problemlos möglich.

238) Diabetes mellitus kann durch Adrenalin im Anästhetikum zu Blutzuckerschwankungen führen.

Konservierende Zahnheilkunde

Dieses Kapitel behandelt Karies als Haupterkrankung der Zähne, von der Entstehung über Diagnostik bis zur Therapie. Du testest dein Wissen über verschiedene Füllungsmaterialien, Präparationstechniken und moderne Behandlungsverfahren wie die Adhäsivtechnik.

Richtig oder falsch?

239) Karies entsteht wenn der pH-Wert für 30 Minuten unter 5,5 bleibt.

240) Streptococcus mutans und Laktobazillen verstoffwechseln Kohlenhydrate zu Säure.

241) Remineralisation erfolgt durch Kalziumphosphat und Fluorid aus dem Speichel.

242) Plaque (Biofilm) ist mit Wasser abspülbar.

243) Zahnstein ist verkalkte Plaque durch Kalksalze des Speichels.

244) Ein White Spot ist bereits eine irreversible Kariesläsion.

245) Caries profunda ist eine tiefe Dentinkaries bis zur Pulpa.

246) Prädilektionsstellen sind Stellen mit besonders guter Plaqueentfernung.

247) Speichel hat eine antibakterielle Wirkung und puffert Säuren.

248) Sekundärkaries ist neu entstandene Karies an vorhandenen Füllungsrändern.

249) Der DMF-T Index verwendet Großbuchstaben für Milchzähne.

250) Erosion ist ein Defekt durch ständige Säureeinwirkung.

251) MIH ist eine Störung der Schmelzbildung.

252) MIH betrifft hauptsächlich die ersten bleibenden Molaren und Frontschneidezähne.

253) Die Ursache der MIH ist vollständig geklärt.

254) MIH kann auch bei Milchzähnen auftreten.

255) MIH zeigt sich als weißlich bis gelblich-braune Flecken mit scharfer Abgrenzung.

256) MIH wird oft als "Kreidezähne" bezeichnet.

257) Betroffene Zähne haben ein verringertes Kariesrisiko.

258) Die Zähne können bei MIH porös werden und leicht brechen.

259) Ohne Zahnhartsubstanzverlust ist eine Fissurenversiegelung möglich.

260) Bei Zahnhartsubstanzverlust wird eine direkte adhäsive Füllungstherapie empfohlen.

261) Engmaschige Kontrollen sind bei MIH nicht erforderlich.

262) Fluoridierung kann bei MIH ohne Substanzverlust angewendet werden.

263) Amalgam ist ab dem 01.01.2025 verboten.

264) Glasionomerzement gibt Fluorid ab.

265) Komposite sind feuchtigkeitsempfindlich bei der Polymerisation.

266) Amalgam hält rein mechanisch durch Unterschnitte in der Zahnhartsubstanz.

267) Schwangere sollten keine Amalgamfüllungen erhalten.

268) Die Adhäsivtechnik wird auch SÄT oder SDA genannt.

269) Beim Anätzen wird Salzsäure verwendet.

270) Kompomer hat eine höhere Kaustabilität als Komposite.

271) Zement ist zahnfarben.

272) Kofferdam sorgt für absolute Trockenlegung.

273) Komposit wird in einem Arbeitsgang in die Kavität eingebracht.

274) Amalgam ist eine Legierung aus Silber, Zinn, Kupfer und Quecksilber.

Endodontie

Hier testest du dein Wissen über endodontische Behandlungen. Das Kapitel umfasst Pulpaerkrankungen, verschiedene Formen der Pulpitis, Behandlungsablauf und Instrumente der Wurzelkanaltherapie sowie mögliche Komplikationen und deren Behandlung.

Richtig oder falsch?

275) Die Hauptaufgabe der Pulpa ist die Versorgung des Zahnes mit Nährstoffen.

276) Die Pulpa ist für die Neubildung von Dentin zuständig.

277) Die Pulpa ist verantwortlich für die Schmerzempfindung des Zahnes.

278) Die Pulpa besteht aus Bindegewebe, Blutgefäßen, Nervenfasern und Lymphgefäßen.

279) Odontoblasten befinden sich in der Mitte der Pulpa.

280) Odontoblasten sind für die Dentinbildung zuständig.

281) Die Pulpa ist sehr temperaturempfindlich.

282) Temperaturen über 42 °C können zum Absterben des Pulpagewebes führen.

283) Bei Präparationen ohne ausreichende Wasserkühlung kann eine Pulpitis entstehen.

284) Die Pulpa liegt im Wurzelzement.

285) Odontoblasten liegen an der Außenfläche der Pulpa zum Dentin hin.

286) Die Pulpa ist gegen Temperaturschwankungen unempfindlich.

287) Die Pulpa enthält keine Nervenfasern.

288) Die Pulpa ist für die Schmelzbildung verantwortlich.

289) Zu wenig Wasserkühlung bei Kronenpräparationen kann die Pulpa schädigen.

290) Die fünf Zeichen einer Entzündung sind Rubor, Calor, Tumor, Dolor und Functio laesa.

291) Bei einer Hyperämie ist die Vitalitätsprüfung negativ.

292) Ab der Pulpitis serosa ist eine endodontische Behandlung notwendig.

293) Bei einer Pulpanekrose ist die Vitalitätsprüfung positiv.

294) Eine Hyperämie kann auch schmerzlos erfolgen.

295) Bei Pulpitis purulenta werden vermehrt weiße Blutkörperchen freigesetzt.

296) Bei Pulpagangrän können die Schmerzen wieder abklingen.

297) Bei Pulpagangrän ist der Zahn sehr klopf- und aufbissempfindlich.

298) Eine akute apikale Parodontitis kann nie in eine chronische Form übergehen.

299) Toxine und Bakterien gelangen über das Foramen apicale ins periapikale Gewebe.

300) Eine Phlegmone ist eine abgekapselte Eiteransammlung.

301) Eine Phlegmone muss chirurgisch und antibiotisch behandelt werden.

302) Eine unbehandelte Phlegmone kann zu einer Sepsis führen.

303) Bei Pulpitis serosa entstehen zeitweise heftige Schmerzen.

304) Die Osteomyelitis ist eine Sonderform der Ostitis.

305) Bei einer Vitalexstirpation ist die Vitalitätsprüfung positiv und eine Anästhesie erforderlich.

306) Bei einer Gangränbehandlung ist eine Anästhesie erforderlich.

307) Die Pulpotomie wird nur bei Kindern und Jugendlichen durchgeführt.

308) Natriumhypochlorit (NaOCl) gilt als Standardspüllösung.

309) Calciumhydroxid wird als Standardmedikament für Einlagen verwendet.

310) Die Einlagedauer von Calciumhydroxid beträgt mindestens eine Woche.

311) Bei der retrograden Wurzelkanalfüllung wird der Zahn von der Zahnkrone aus gefüllt.

312) Bei der Zentralstifttechnik wird nur ein Guttaperchastift verwendet.

313) Bei der lateralen Kondensation werden mehrere Guttaperchastifte verwendet.

314) Die Mortalexstirpation erfolgt immer in zwei Sitzungen.

315) Wurzelkanalinstrumente haben eine internationale ISO-Normierung.

316) Ein Überstopfen des Wurzelkanals ist das Ziel der Wurzelkanalfüllung.

Oralchirurgische Eingriffe

In diesem Bereich testest du dein Wissen über chirurgische Eingriffe in der Zahnarztpraxis. Von einfachen Extraktionen über operative Zahnentfernungen bis hin zu Implantationen und Traumabehandlung. Sterile Arbeitstechniken und Komplikationsmanagement sind zentrale Themen.

Richtig oder falsch?

317) Die zahnärztliche Chirurgie umfasst ausschließlich die einfache Zahnentfernung (Extraktion).

318) Vor jedem chirurgischen Eingriff muss eine entsprechende Indikation vorliegen und eine aktuelle Anamnese erhoben werden.

319) Die Aufklärung über mögliche Risiken und Komplikationen muss erst nach dem operativen Eingriff erfolgen.

320) Bei kleineren Eingriffen wie einer Zahnextraktion reicht die hygienische Händedesinfektion und das Tragen von Schutzhandschuhen aus.

321) Diabetes mellitus stellt eine Kontraindikation dar, da es zu möglichen Wundheilungsstörungen führen kann.

322) Atraumatisches Nahtmaterial hat gerade oder gebogene Nadeln mit Nadelöhr und wird häufig in der zahnärztlichen Praxis verwendet.

323) Nach chirurgischen Eingriffen sollten Patienten in den kommenden 24 Stunden keinen Alkohol, Kaffee oder Tee konsumieren.

324) Der Aufbisstupfer sollte mindestens 30 Minuten auf der Wunde belassen werden.

325) Ein Abszess ist ein mit Eiter gefüllter und abgekapselter Hohlraum.

326) Ein submukös gelegener Abszess befindet sich unter der Knochenhaut.

327) Bei der Abszessbehandlung ist eine Naht grundsätzlich erforderlich.

328) Die Abszesshöhle wird mit Gazestreifen oder Drainageröhrchen offengehalten, damit Eiter und Wundsekret weiter ablaufen können.

329) Die Extraktion ist der häufigste chirurgische Eingriff in der zahnärztlichen Praxis.

330) Bei Oberkiefer-Seitenzähnen muss nach der Extraktion eine mögliche Mund-Antrum-Verbindung überprüft werden.

331) Das Lösen der Gingiva erfolgt durch Durchtrennen der Sharpey-Fasern mit Hebel oder Periotom.

332) Die Zahnentfernung erfolgt ausschließlich mittels Zange, Hebel werden nicht verwendet.

333) Eine Indikation für operative Zahnentfernung ist ein Zahn, der durch einfache Extraktion nicht zu entfernen ist.

334) Ein retinierter Zahn hat eine vollständige Verbindung zur Mundhöhle.

335) Bei unteren Weisheitszähnen wird zum Schutz des N. lingualis ein Raspatorium lingual unter das Periost geschoben.

336) Eine operative Zahnentfernung erfordert grundsätzlich keine Naht.

337) Die MAV stellt eine Verbindung zwischen Mund- und Kieferhöhle dar, die normalerweise nicht existiert.

338) Die Überprüfung einer MAV erfolgt mittels Nasen-Blas-Versuch und Sondieren mit Knopfsonde.

339) Eine MAV kann zu einer Keimverschleppung in die normalerweise keimfreie Kieferhöhle führen.

340) Nach einer plastischen Deckung einer MAV dürfen Patienten sofort wieder normal schnäuzen.

341) Die WSR ist ein Erhaltungsversuch eines Zahnes.

342) Das Abtrennen der Wurzelspitze erfolgt mit einer Lindemannfräse.

343) Eine Wurzelfraktur stellt eine Indikation für eine WSR dar.

344) Bei der WSR wird grundsätzlich keine Wurzelfüllung verwendet.

345) Eine Zyste ist ein mit Flüssigkeit gefüllter Hohlraum, der von einer Hülle (Zystenbalg) umgeben ist.

346) Follikuläre Zysten entstehen an der Wurzel abgestorbener oder wurzelgefüllter Zähne.

347) Radikuläre Zysten entwickeln sich meistens an den Kronen retinierter Zähne.

348) Eine histo-pathologische Untersuchung von Zysten ist nach Entfernung erforderlich.

349) Auf Röntgenbildern erscheinen Zysten in Form von Aufhellungen (dunkle Stellen).

350) Zysten wachsen schnell und verursachen starke Schmerzen.

351) Die Zystektomie (Partsch II) ist die häufigste Variante der Zystenentfernung.

352) Die Zystostomie (Partsch I) wird bevorzugt bei kleineren Zysten angewandt.

353) Zahnärztliche Implantate sind künstliche Zahnwurzeln aus Titan oder Keramik.

354) Bei der subgingivalen Implantation ist ein zweiter Eingriff zur Freilegung des Implantats nach der Einheilung erforderlich.

355) Transgingival implantierte Implantate müssen nach der Einheilung freigelegt werden.

356) Ein Sinuslift ist ein Verfahren zum Oberkieferaufbau, bei dem der knöcherne Boden der Kieferhöhle verdickt wird.

357) Der externe Sinuslift ist das einfachere Verfahren im Vergleich zum internen Sinuslift.

358) Implantate können zur Verankerung von Epithesen (künstlich anfertigte Gesichtsbereiche) verwendet werden.

359) Rauchen und schlechte Mundhygiene können zu Wundheilungsstörungen bei Implantaten führen.

360) Die Aufbereitung des Alveolarknochens erfolgt mit Bohrern absteigender Größe.

361) Zahnverletzungen treten am häufigsten bei Frontzähnen auf.

362) Bei einer Avulsion sollte der Zahn gründlich gereinigt werden, um Gewebe zu entfernen.

363) Der Transport eines avulsierten Zahnes kann in kalter H-Milch oder einer Zahnrettungsbox erfolgen.

364) Replantierte Zähne müssen nach 7-10 Tagen endodontisch behandelt werden.

365) Präprothetische Chirurgie umfasst alle Maßnahmen zur Verbesserung des Prothesenlagers vor einer neuen prothetischen Versorgung.

366) Die Beseitigung störender Lippen- und Wangenbänder gehört zu den präprothetischen chirurgischen Maßnahmen.

367) Ein Schlotterkamm muss immer erhalten bleiben, da er für den Prothesenhalt wichtig ist.

368) Der Aufbau des Kieferkamms ist eine Maßnahme der präprothetischen Chirurgie.

369) Gutartige Tumore wachsen langsam, verdrängen Nachbargewebe und sind abgegrenzt.

370) Bösartige Tumore wachsen schnell, dringen in Nachbargewebe ein und können Metastasen bilden.

371) Bei der Exzision werden kleine Tumore spindelförmig umschnitten und entfernt.

372) Das entfernte Tumorpräparat muss nicht histopathologisch untersucht werden, da die Diagnose bereits klinisch gestellt wurde.

Pharmakologie in der Zahnmedizin

Dieses Kapitel behandelt Grundlagen der Pharmakologie in der Zahnmedizin. Du testest dein Wissen über Arzneimittelformen, Verabreichungswege, wichtige Arzneimittelgruppen und die korrekte Verschreibung von Medikamenten.

Richtig oder falsch?

373) Arzneimittel dienen der Heilung, Vorbeugung oder Diagnose einer Krankheit und unterliegen dem Arzneimittelgesetz (AMG).

374) Heilmittel sind vom Patienten selbst genutzte Gegenstände wie Brille, Hörgerät oder Rollstuhl.

375) Betäubungsmittel können nur auf besonderen Rezepten durch Ärzte verordnet werden.

376) Freiverkäufliche Arzneimittel dürfen nur in Apotheken verkauft werden.

377) Arzneimittelformen werden nach Konsistenz in fest, streichfähig, flüssig und gasförmig eingeteilt.

378) Bei der systemischen Applikation wird das Medikament nur lokal in bestimmten Körperregionen angewendet.

379) Der First-Pass-Effekt kann durch parenterale, sublinguale oder rektale Gabe umgangen werden.

380) Lokale Anwendungen haben niemals Auswirkungen auf den gesamten Körper.

381) Arzneimittelgruppen werden in der Mehrzahl mit der Endung "-a" genannt, in der Einzahl mit der Endung "-um".

382) Antibiotika wirken gegen virale Infektionen.

383) Vasokonstringentia haben eine gefäßverengende Wirkung, Beispiele sind Adrenalin und Noradrenalin.

384) Antipyretika wirken fiebersenkend, Beispiele sind Paracetamol und Ibuprofen.

385) Verschreibungspflichtige Medikamente dürfen in der Zahnmedizin von approbierten Zahnärzten und Ärzten verordnet werden.

386) BtM-Rezepte sind gelb und haben eine Gültigkeit von sieben Tagen.

387) Private Rezepte sind weiß oder blau und haben eine Gültigkeit von drei Monaten.

388) Der Aufdruck "Rp." auf Rezepten bedeutet "recipe" und steht für "nimm" oder "man nehme".

389) Eine Verschreibung muss immer Name und Geburtsdatum des Patienten enthalten.

390) Packungsgröße N1 ist für eine Behandlung bis zu 30 Tagen vorgesehen.

391) Kassen-E-Rezepte haben eine Gültigkeit von 28-30 Tagen.

392) Rezeptfreie Arzneimittel sind grün und haben eine unbegrenzte Gültigkeit.

Hämatologie und Immunologie

Hier testest du dein Wissen über Blut als lebenswichtiges Gewebe. Das Kapitel behandelt Blutbestandteile, Blutzellen, Blutgerinnung und das Immunsystem mit seinen verschiedenen Abwehrmechanismen.

Richtig oder falsch?

393) Blut ist ein Gewebe und setzt sich aus festen und flüssigen Bestandteilen zusammen.

394) Bei einer 60 kg schweren erwachsenen Person beträgt die Blutmenge ca. 5-6 Liter, was 8% des Körpergewichts entspricht.

395) Blut besteht aus 55% flüssigen Bestandteilen und 45% zellulären Bestandteilen.

396) Serum und Plasma sind identisch und unterscheiden sich nicht voneinander.

397) Die Blutzellenbildung (Hämatopoese) findet im roten Knochenmark statt.

398) Erythrozyten haben einen Zellkern und eine Lebensdauer von ca. 120 Tagen.

399) Leukozyten sind etwa doppelt so groß wie Erythrozyten und haben eine Lebensdauer von Tagen bis Monaten.

400) Thrombozyten sind kernlose Zellbruchstücke mit einer Lebensdauer von einer bis zwei Wochen.

401) Der erste Schritt der Blutgerinnung ist die Verengung der Gefäße.

402) Thrombozyten lagern sich an die verletzte Gefäßwand an und bilden einen Blutpfropf (Thrombus).

403) Fibrin sorgt für eine feste Thrombozytenstruktur bei der Blutgerinnung.

404) Die Aktivierung von Gerinnungsfaktoren erfolgt vor der Anlagerung der Thrombozyten an die Gefäßwand.

405) Das Immunsystem unterscheidet zwischen unspezifischer Abwehr (angeboren) und spezifischer Abwehr (erworben).

406) Makrophagen und neutrophile Granulozyten gehören zur zellulären unspezifischen Abwehr und führen Phagozytose durch.

407) T-Helferzellen aktivieren B-Zellen, die sich in Plasmazellen umwandeln und Antikörper produzieren.

408) Lysozym ist ein antiviraler Stoff, der hauptsächlich in der Magensäure vorkommt.

409) Das Lymphsystem besteht aus Lymphgefäßen und lymphatischen Organen wie Lymphknoten, Milz und Thymus.

410) Lymphknoten sind Filterstationen, die Krankheitserreger, Krebszellen und Fremdstoffe auffangen.

411) Lymphbahnen werden als "Autobahn des Immunsystems" bezeichnet.

412) Das Lymphsystem dient ausschließlich der Immunabwehr und hat keine anderen Funktionen.

Kardiovaskuläres System

In diesem Bereich testest du dein Wissen über Aufbau und Funktion des Herz-Kreislauf-Systems. Du prüfst dein Verständnis zu Herzaufbau, Blutkreislauf, Puls- und Blutdruckmessung sowie deren Bedeutung für die zahnärztliche Behandlung.

Richtig oder falsch?

413) Das Herz liegt zu zwei Dritteln links im Brustraum und die Herzspitze zeigt nach vorne unten links.

414) Das Herz ist ein Hohlmuskel mit vier Kammern, unterteilt durch die Herzscheidewand in eine linke und rechte Herzhälfte.

415) Die Erregungsleitung beginnt im Sinusknoten und kann als Elektrokardiogramm (EKG) aufgezeichnet werden.

416) Das Myokard ist die äußere Herzwand und wird auch als Herzbeutel bezeichnet.

417) Arterien leiten Blut vom Herzen weg und haben eine dicke Muskelschicht.

418) Venen haben eine dünne Muskelschicht mit Venenklappen und leiten Blut zum Herzen hin.

419) Arterien führen immer sauerstoffreiches Blut, während Venen immer sauerstoffarmes Blut führen.

420) Kapillargefäße sind Orte des Nährstoffaustauschs und werden auch als "innere Atmung" bezeichnet.

421) Bei jeder Herzkontraktion wird Blut in das Gefäßsystem gepumpt und diese Druckwelle wird als Pulsschlag bezeichnet.

422) Die Pulsmessung erfolgt an Arterien wie der Arteria radialis am Handgelenk, der Arteria carotis am Hals oder der Arteria femoralis in der Leiste.

423) Der Normwert für den Puls bei Erwachsenen liegt bei 60-80 Schlägen pro Minute.

424) Tachykardie bezeichnet einen langsamen Herzschlag unter 60 Schlägen pro Minute.

425) Der systolische Blutdruck ist der höchste Druckwert bei Kontraktion des Herzmuskels, der diastolische der niedrigste bei Erschlaffung.

426) Die optimalen Blutdruckwerte liegen bei 120/80 mmHg.

427) Bei der Blutdruckmessung nach Riva-Rocci ist das erste hörbare Korotkow-Geräusch der diastolische Wert.

428) Bei Patienten nach Schlaganfall oder Brustkrebs-OP darf nicht am betroffenen Arm gemessen werden.

Respiratorisches System

Dieses Kapitel behandelt die Anatomie und Physiologie der Atmung. Von der Atemtechnik über den Gasaustausch bis hin zu den verschiedenen Abschnitten des Atmungssystems und deren Funktion.

Richtig oder falsch?

429) Die Hauptaufgaben des Atmungssystems sind Gasaustausch und die Reinigung, Aufwärmung und Befeuchtung der Atemluft.

430) Die Atemluft besteht zu 78% aus Stickstoff, zu 21% aus Sauerstoff und zu 1% aus Edelgasen.

431) Bei der inneren Atmung erfolgt Ein- und Ausatmung in der Lunge mit Sauerstoffaufnahme ins Blut.

432) Bei der Einatmung sorgt das Zusammenziehen des Zwerchfells für einen Unterdruck im Brustkorb.

433) Der Kehldeckel dient der Stimmbildung.

434) Die Bifurkation ist die Gabelstelle der Luftröhre in linken und rechten Hauptbronchus.

435) Der Gasaustausch findet in den Alveolen (Lungenbläschen) statt.

436) Der Rachen (Pharynx) ist ausschließlich für die Weiterleitung der Atemluft zustandig.

Parodontologie

Hier testest du dein Wissen über Parodontalerkrankungen und deren Behandlung. Das Kapitel umfasst Ursachen, Diagnostik und systematische Therapie von Gingivitis und Parodontitis sowie die entsprechenden Instrumente und Techniken.

Richtig oder falsch?

437) Der Zahnhalteapparat besteht aus Wurzelhaut, Wurzelzement, Alveolarknochen und Zahnfleisch.

438) Die marginale Gingiva ist eine freie, bewegliche Gingiva, die zirkulär um den Zahn auf Höhe des Zahnhalses liegt.

439) Die attached Gingiva ist beweglich und nicht fest mit dem Alveolarknochen verwachsen.

440) Sharpey-Fasern sorgen als Attachment für die Verbindung zwischen Zahn und Alveolarknochen.

441) Plaque (Biofilm) ist die Hauptursache für Gingivitis und Parodontitis.

442) Zahnstein entsteht durch Mineralisation von Plaque durch Kalksalze des Speichels und ist gelblich/gräulich.

443) Konkremente sind harte Beläge oberhalb des Zahnfleischrandes.

444) Rauchen, Diabetes mellitus und insuffiziente Kronen- und Füllungsränder begünstigen parodontale Erkrankungen.

445) Gesunde Gingiva ist blassrosa, straff, mattglänzend und zeigt keine Blutung nach Sondieren.

446) Bei einer Gingivitis kommt es zur Taschenbildung und zum Abbau des Zahnhalteapparats.

447) Parodontitis ist irreversibel, während Gingivitis durch rechtzeitige Behandlung reversibel ist.

448) Rauchen kann bei Rauchern die typischen Warnsignale wie Rötung, Schwellung und Blutung maskieren.

449) Der PSI (Parodontaler Screening Index) teilt das Gebiss in Sextanten ein und verwendet Grade von 0-4.

450) Bei der PSI-Messung wird die WHO-Sonde mit schwarzer Markierung zwischen 3,5 und 5,5 mm verwendet.

451) PSI Grad 3 bedeutet eine Sondierungstiefe von 3,5-5,5 mm und zeigt eine mittelschwere Parodontitis an.

452) PSI Grad 1 zeigt eine schwere Parodontitis mit Sondierungstiefen über 5,5 mm an.

453) Ziel der PAR-Behandlung ist die Zahnerhaltung durch ein gesundes und entzündungsfreies Parodontium.

454) Die systematische PAR-Behandlung umfasst 7 Schritte von der Diagnostik bis zur Nachsorge.

455) Bei der geschlossenen Kürettage (AIT) wird das Zahnfleisch aufgeklappt und ein MPL gebildet.

456) UPT steht für unterstützende Parodontaltherapie und entspricht dem Recall.

457) Scaler werden ausschließlich zur subgingivalen Zahnreinigung verwendet.

458) Universalküretten sind beidseitig scharf, während Spezialküretten nur eine scharfe Seite haben.

459) Die Gracey-Kürette ist ein Beispiel für eine Universalkürette.

460) Das parodontologische Aufklärungsgespräch (ATG) erfolgt vor der Mundhygieneunterweisung.

Orthodontie

In diesem Bereich testest du dein Wissen über Zahn- und Kieferfehlstellungen sowie deren Korrektur. Du prüfst dein Verständnis zu verschiedenen Behandlungsgeräten, Therapiephasen und Risiken kieferorthopädischer Behandlungen.

Richtig oder falsch?

461) Eugnathie bezeichnet ein einwandfrei geformtes und funktionelles Gebiss.

462) Dysgnathie ist ein fehlentwickeltes Gebiss mit ungewöhnlicher Form und eingeschränkter Funktion.

463) Mandibuläre Retrognathie wird auch als "Vogelgesicht" bezeichnet.

464) Angle-Klasse III wird als Distalbiss bezeichnet.

465) Daumenlutschen und Nuckeln an Saugflaschen können Zahn- und Kieferfehlstellungen verursachen.

466) Frühzeitiger Verlust der Milchzähne führt dazu, dass benachbarte Zähne in die Lücke wandern.

467) Fehlfunktionen der Zunge beim Sprechen oder Schlucken haben keinen Einfluss auf die Zahnstellung.

468) Verletzungen durch Unfälle im Zahn- und Kieferbereich können Fehlstellungen verursachen.

469) Die aktive kieferorthopädische Behandlung dauert ca. 2-3 Jahre.

470) Die Retentionsphase dauert in der Regel mindestens doppelt so lange wie die aktive Behandlung.

471) Die Delaire-Maske dient zur Hemmung des Oberkieferwachstums.

472) FKO-Geräte werden auch passive Apparaturen genannt und arbeiten nur mit körpereigenen Kräften.

473) Multiband-Apparaturen werden hauptsächlich bei einfachen Zahnfehlstellungen angewendet.

474) Aktive Platten sind herausnehmbare Apparaturen zur Behandlung einfacher Zahnfehlstellungen.

475) Karies und Gingivitis sind mögliche Risiken einer KFO-Behandlung durch unzureichende Plaqueentfernung.

476) Der Headgear ist ein intraorales festsitzendes Behandlungsgerät.

Zahnersatzkunde

Dieses Kapitel behandelt alle Formen des Zahnersatzes. Von festsitzendem über herausnehmbaren bis hin zu kombiniertem Zahnersatz. Behandlungsabläufe, Materialien und Abformtechniken stehen im Mittelpunkt.

Richtig oder falsch?

477) Vollkeramikkronen sind technisch sehr aufwendig, haben aber die beste Ästhetik und rufen keine Allergien hervor.

478) Brücken bestehen aus Ankerkronen (Brückenanker) und Brückengliedern (Brückenkörper).

479) Die Hohlkehlpräparation wird für Vollgusskronen verwendet und liegt meist supragingival.

480) Pulpäre Stifte dienen zur Stabilisierung wurzelkanalbehandelter Zähne und bilden eine Basis für Kronen und Brücken.

481) Modellgussprothesen werden durch gegossene Klammern an den bleibenden Zähnen verankert.

482) Der Transversalbügel verbindet im Oberkiefer mehrere Prothesensättel miteinander.

483) Im Unterkiefer wird anstelle des Transversalbügels ein Sublingualbügel verwendet.

484) Bei Doppelkronenprothesen wird die Sekundarkrone fest auf den präparierten Zahn zementiert.

485) Teleskope sind parallelwandig, während Konuskronen kegelförmig gestaltet sind.

486) Geschiebe bestehen aus einer Patrize und einer Matrize.

487) Eine Immediatprothese wird nach Entfernung von Zähnen und Ausheilung hergestellt.

488) Cover denture ist eine Sonderform einer Totalprothese mit Doppelkronen auf Restzähnen.

489) Für einen guten Halt von Totalprothesen sind Ventilrand und Funktionsrand erforderlich.

490) Eine Interimsprothese wird direkt nach der Extraktion eingegliedert.

491) Die Herstellung einer Modellgussprothese erfordert 5 Sitzungen ohne Laborarbeitsschritte.

492) Doppelkronenprothesen haben den Vorteil, dass die Kaukraft optimal auf den Zahn übertragen wird.

493) Funktionsabformung erfolgt mit individuellen Löffeln und gibt Bänder und Muskeln für den Prothesenhalt wieder.

494) Alginate sind irreversibel-elastische Abformmaterialien aus Salzen der Alginsäure.

495) Die Doppelmischabformung ist zweizeitig und erfordert zwei separate Einbringungen in den Mund.

496) Elastomere-Abformungen sind formstabil und können noch Tage später ausgegossen werden.

Präventive Zahnheilkunde

Hier testest du dein Wissen über vorbeugende Maßnahmen für die Zahngesundheit. Das Kapitel umfasst Karies- und Parodontalprophylaxe, Mundhygiene, Ernährungsberatung, Fluoridierung und professionelle Zahnreinigung.

Richtig oder falsch?

497) Indizes sind wichtige Hilfsmittel zur Vervollständigung eines Befundes neben intraoraler Befundaufnahme und Röntgendiagnostik.

498) API ist ein Plaqueindex, der den Zustand der Mundhygiene zeigt.

499) Mit dem SBI kann man sehr gut das langfristige Putzverhalten der Patienten überprüfen, da Entzündungen längere Ausheilungszeit benötigen.

500) DMF-T ist ein Gingiva- und Blutungsindex zur Anzeige von Entzündungen.

501) Die Bausteine der Zahngesundheit sind gute Mundhygiene, zahngesunde Ernährung, regelmäßige Fluoridierung, zahnärztliche Untersuchung und Fissurenversiegelung.

502) Für die Mundhygiene sollte eine Zahnbürste mit kurzem Bürstenkopf, mittelharter Borste und ebenem Borstenfeld verwendet werden.

503) Bei der Bass-Technik wird das Borstenfeld schräg im 45°-Winkel zum Zahnfleisch gerichtet.

504) Die Fones-Rotationstechnik wird für Erwachsene empfohlen.

505) Die "Rot nach Weiß"-Technik ist leicht erlernbar, bietet jedoch nur unzureichende Reinigung.

506) Die KAI-Technik steht für Kauflächen, Außenflächen und Innenflächen.

507) Bei Kindern ist eine Nachreinigung der Zähne durch die Eltern nicht erforderlich.

508) Zu den wichtigsten Inhaltsstoffen der Nahrung gehören Nährstoffe und Ballaststoffe.

509) Interdentalbürstchen und Zahnseide gehören zu den empfohlenen Mundhygienehilfsmitteln.

510) Bei der Bass-Technik werden kleine rüttelnde Bewegungen durchgeführt, damit die Borsten in Sulkus und Approximalräume gelangen.

511) Ballaststoffe haben eine verdauungsfördernde Wirkung des Darms.

512) Zungenreiniger und Mundspüllösungen sind keine wichtigen Hilfsmittel für die Mundhygiene.

513) Nach der DGE-Ernährungspyramide sollte von den Lebensmitteln an der Basis reichlich gegessen werden und zur Spitze hin immer weniger.

514) Kohlenhydrate sind schädlich für die Zähne, da sie kariogen wirken.

515) Ballaststoffe sind verdauliche Polysaccharide und wichtige Energielieferanten.

516) Für die Kariesentstehung ist die Häufigkeit der Aufnahme zuckerhaltiger Nahrungsmittel bedeutender als die Menge.

517) Klebrige Nahrung ist besser als dünnflüssige, da sie länger an den Zähnen haftet.

518) Fluoride hemmen den Bakterienstoffwechsel und können demineralisierte Stellen remineralisieren.

519) Eine Dentalfluorose entsteht durch zu wenig Fluoridaufnahme und kann bis zum 18. Lebensjahr auftreten.

520) Die Fissurenversiegelung sollte am besten innerhalb des ersten halben Jahres nach Durchbruch der bleibenden Molaren erfolgen.

Gastrointestinaltrakt und Metabolismus

In diesem Bereich testest du dein Wissen über das Verdauungssystem. Von der Nahrungsaufnahme über die verschiedenen Verdauungsorgane bis hin zu Leber und Bauchspeicheldrüse und deren Funktionen.

Richtig oder falsch?

521) Das bleibende Gebiss hat 32 Zähne, das Milchgebiss hat 20 Zähne.

522) Im Mund beginnt die Kohlenhydratverdauung durch alpha-Amylase.

523) Die Speiseröhre ist ca. 25 cm lang und transportiert Nahrung durch Peristaltik.

524) Der Magen produziert täglich ca. 1,5 Liter sauren Magensaft mit einem pH-Wert von 2.

525) Der Intrinsic Factor im Magensaft ist wichtig für die Vitamin-C-Aufnahme.

526) Der Dünndarm besteht aus Duodenum, Jejunum und Ileum.

527) Im Dickdarm findet die Vitamin-K-Produktion als bakterielles Nebenprodukt statt.

528) Die Schilddrüse liegt an der Vorderseite des Halses und reguliert Stoffwechselvorgänge.

529) Die Leber liegt im rechten Oberbauch unterhalb des Zwerchfells und wiegt ca. 1,5 bis 2 kg.

530) Die Pfortader versorgt die Leber mit sauerstoffreichem Blut.

531) Eine Hauptfunktion der Leber ist die Entgiftung von Medikamenten, Alkohol und Umweltgiften.

532) Die Gallenflüssigkeit wird von der Leber gebildet und zerkleinert Fetttropfen in der Nahrung.

533) Die Bauchspeicheldrüse liegt im rechten Oberbauch vor dem Magen.

534) Der exokrine Anteil der Bauchspeicheldrüse produziert Insulin und Glukagon.

535) Lipase dient der Fettverdauung, Trypsin der Eiweißverdauung und Amylase der Kohlenhydratverdauung.

536) Die Leber baut alte Erythrozyten ab und wandelt Hämoglobin in Bilirubin um.

Notfallmanagement

Dieses Kapitel behandelt Notfallsituationen in der Zahnarztpraxis. Du testest dein Wissen über Notfallausrüstung, Wiederbelebungsmaßnahmen und Erstversorgung bei verschiedenen medizinischen Zwischenfällen.

Richtig oder falsch?

537) Die Notfallausrüstung sollte regelmäßig auf Vollständigkeit, Funktionsfähigkeit und Verfallsdatum überprüft werden.

538) Die Verabreichung von Notfallmedikamenten darf von jeder ZFA vor Eintreffen des Notarztes durchgeführt werden.

539) Zur Notfallausrüstung gehören Blutdruckmessgerät, Stethoskop und Beatmungsbeutel.

540) Ein Defibrillator bzw. AED (Automatisierter externer Defibrillator) gehört zur Notfallausrüstung.

541) Die ABC-Regel steht für A = Atemwege frei machen, B = Beatmen, C = Circulation (Kreislauf).

542) Die Herzdruckmassage sollte ca. 100-120-mal pro Minute und ca. 5-6 cm tief durchgeführt werden.

543) Das optimale Verhältnis von Herzdruckmassage zu Beatmung beträgt 30:2.

544) Bei vorhandener Atmung und Puls ist eine Thoraxkompression erforderlich.

545) Bei einem Asthmaanfall sollte eine Oberkörperhochlagerung und Frischluft durchgeführt werden.

546) Hyperventilation wird durch Rückatmung in eine Plastiktüte behandelt.

547) Bei einem Schock ist immer eine Schocklagerung angezeigt, auch bei Herzinfarkt.

548) Bei einer Aspiration sollten die Atemwege freigemacht und der Patient beruhigt werden.

549) Eine hypertensive Krise liegt vor bei Systole >200 mmHg und Diastole >120 mmHg.

550) Bei bekannten Diabetikern mit unklarer Bewusstlosigkeit sollte sofort Glukose zugeführt werden.

551) Typische Symptome eines Herzinfarkts sind Brustenge und in die rechte Schulter ausstrahlende Schmerzen.

552) Bei einem Krampfanfall sollte für Patientensicherheit gesorgt und der Patient auf den Boden gelegt werden.

Radiologie und Bildgebung

Hier testest du dein Wissen über Röntgentechnik in der Zahnmedizin. Das Kapitel umfasst Strahleneigenschaften, Röntgenaufnahmetechniken, Strahlenschutz und Qualitätssicherung.

Richtig oder falsch?

553) Röntgenstrahlen sind elektromagnetische Wellen, die sich gradlinig ausbreiten.

554) Röntgenstrahlen sind sichtbar und haben keine ionisierende Wirkung.

555) Die Intensität von Röntgenstrahlen nimmt mit dem Abstand zum Quadrat ab.

556) Röntgenstrahlen können nicht abgeschirmt werden und durchdringen jede Materie vollständig.

557) In der Röntgenröhre befinden sich Glühkathode und Metallanode in einem luftleeren Glaskolben.

558) 99% der aufprallenden Elektronen werden in Röntgenstrahlen umgewandelt.

559) Der Aluminiumfilter im Tubus filtert weiche Röntgenstrahlen heraus und lässt harte Röntgenstrahlen hindurch.

560) Die Blende vergrößert das Nutzstrahlenbündel zur Verbesserung der Bildqualität.

561) Eine höhere Röhrenspannung erzeugt härtere Röntgenstrahlen.

562) Tubusgeräte arbeiten meist mit einer festen Stromstärke von 7 mA.

563) Eine längere Belichtungszeit führt zu einer helleren Röntgenaufnahme.

564) OPG-Geräte haben eine Belichtungszeit von etwa 15 Sekunden.

565) Die Fotoschicht von Röntgenfilmen besteht aus Silberbromidkristallen.

566) Kassettenfilme haben das Format 12 x 30 cm und enthalten eine Verstärkerfolie zur Strahlenreduzierung.

567) Bei der maschinellen Filmentwicklung ist die Fixierlösung der erste Schritt im Prozess.

568) Aufhellung auf dem Röntgenbild entsteht durch strahlendurchlässige Strukturen wie Karies oder Zysten.

569) Sensoren beim digitalen Röntgen sind handlicher und kostengünstiger als Speicherfolien.

570) Speicherfolien sind kratzempfindlicher und haben eine kürzere Haltbarkeit als Sensoren.

571) Die Entwicklerflüssigkeiten müssen in der Regel nach etwa vier Wochen erneuert werden.

572) Durch die höhere Empfindlichkeit digitaler Bildträger wird die Strahlenbelastung erhöht.

573) Bei der orthoradialen Einstellung trifft der Zentralstrahl senkrecht auf den Zahn bzw. Bildträger.

574) Bissflügelaufnahmen dienen der Kariesdiagnostik und zeigen nur Zahnkronen zweier Quadranten.

575) Der Neigungswinkel für OK-Frontzähne beträgt bei der Halbwinkeltechnik +35°.

576) Bei intraoralen Röntgentechniken befindet sich der Bildträger im Mund des Patienten.

577) Die Le Master-Technik verwendet eine Watterolle zwischen Zahn und Bildträger um Überlagerungen zu vermeiden.

578) Bei der Panoramaschichtaufnahme (OPG) sind alle Strukturen des Kopfes gleich scharf dargestellt.

579) Der Neigungswinkel für UK-Molaren beträgt bei der Halbwinkeltechnik -5°.

580) Aufbissaufnahmen werden zur Darstellung verlagerter Weisheitszähne im Oberkiefer verwendet.

581) Eine zu helle Röntgenaufnahme entsteht durch zu kurze Belichtungszeit oder zu niedrige Röhrenspannung.

582) Wenn ein Zahn verkürzt dargestellt wird, ist der Tubus zu flach eingestellt.

583) Artefakte am Bildträger können durch Fingerabdrücke, Kratzer oder Knickstellen entstehen.

584) Eine zu dunkle Aufnahme wird durch zu konzentrierten Entwickler oder zu hohe Temperatur verursacht.

585) Der Kontrollbereich umfasst einen 1,50 m breiten Bereich um die Strahlenquelle.

586) Die rechtfertigende Indikation muss nach der Röntgenaufnahme durch den Zahnarzt gestellt werden.

587) Bei intraoralen Aufnahmen muss die Bleischürze hochabschließend am Hals sein zum Schutz der Schilddrüse.

588) Embryonale Zellen und Knochenmarkzellen reagieren besonders empfindlich auf Röntgenstrahlen.

589) Im Röntgenkontrollbuch müssen Name, Geburtsdatum und Datum der Aufnahme dokumentiert werden.

590) Röntgenbilder von Erwachsenen müssen 15 Jahre aufbewahrt werden.

591) Bei unter 18-Jährigen müssen Röntgenbilder bis zum 28. Lebensjahr aufbewahrt werden.

592) Daten zur Strahlenexposition wie Stromstärke und Röhrenspannung müssen im Röntgenkontrollbuch dokumentiert werden.

593) Die Sachverständigenprüfung erfolgt nach der Abnahmeprüfung und danach alle fünf Jahre.

594) Bei analogem Röntgen muss die Filmverarbeitung im Entwicklungsgerät monatlich geprüft werden.

595) Bei digitalem Röntgen muss der Befundungsmonitor täglich auf Grauwertwiedergabe geprüft werden.

596) Die Ergebnisse der Konstanzprüfungen müssen fünf Jahre aufbewahrt werden.

Materialverwaltung

In diesem Bereich testest du dein Wissen über Beschaffung, Lagerung und Entsorgung in der Zahnarztpraxis. Das Kapitel behandelt Bestellwesen, Lagerhaltung, Arzneimittellagerung und umweltgerechte Abfallentsorgung.

Richtig oder falsch?

597) Bei der Beschaffungsplanung ist zu ermitteln, was und wie viel gebraucht wird und zu welchem Zeitpunkt dieses zu beschaffen ist.

598) Große Bestellmengen haben den Vorteil von geringen Lagerkosten und wenig Schwund.

599) Die optimale Bestellmenge liegt theoretisch dort, wo Bestell- und Lagerkosten gleich hoch bzw. die Gesamtkosten am geringsten sind.

600) Bestellungen sollten ausschließlich bei Erreichen des Mindestbestandes erfolgen.

601) Bei der äußeren Prüfung sind in Gegenwart des Fahrers Verpackung, Absender, Empfänger, Liefertermin und Anzahl der Pakete zu prüfen.

602) Lieferscheine müssen zwei Jahre ab Ende des Geschäftsjahres aufbewahrt werden.

603) Bei der sachlichen Rechnungsprüfung wird die Rechnung mit Lieferschein und Bestellung bezüglich Artikel-Nr., Menge, Einheit und Preis verglichen.

604) Skonto sollte möglichst vermieden werden, da es zu Buchungsfehlern führen kann.

605) Das Oberziel der Lagerhaltung ist die Bereitstellung aller Materialien für einen reibungslosen Praxisablauf und die Vermeidung von Lieferengpässen.

606) Zu den Unterzielen der Lagerhaltung gehören günstige Einstandspreise, geringe Beschaffungsbemühungen, geringe Kapitalbindung und geringe Lagerkosten.

607) Schränke als Lagerorte müssen hygienisch einwandfrei, stabil und abschließbar sein.

608) Bei der Lagerpflege gehört die Chargenkontrolle zu den anfallenden Tätigkeiten.

609) Der Lagergrundsatz besagt, dass neue Ware vor alte Ware einsortiert werden soll.

610) Wirtschaftliche Lagerhaltung bedeutet Kosteneinsparung durch hohe Lagerbestände und lange Lagerdauer.

611) Der Höchstbestand gibt an, wie viel höchstens am Lager sein darf.

612) Der Mindestbestand muss immer vorhanden sein zur Vermeidung von Engpässen.

613) Arzneimittel dürfen in Privaträumen, Wartezimmern und nicht abschließbaren Schränken gelagert werden.

614) Die Temperatur "Kühlschrank" liegt zwischen +2 °C bis +8 °C.

615) Bei der Lagerung von Arzneimitteln gilt das First-in-last-out-Prinzip.

616) Betäubungsmittel (BtM) müssen im Safe gelagert und in einem BtM-Buch geführt werden.

617) Sterilisierbehälter und Container können bis zu sechs Wochen gelagert werden.

618) Klarsichtsterilverpackungen sind bis zu fünf Jahren haltbar.

619) Unter den üblichen Lagerbedingungen haben sich Lagerfristen von sechs Monaten für Sterilgut bewährt.

620) Bei beschädigter Verpackung von Sterilgut kann das Material nach kurzer Desinfektion weiterverwendet werden.

621) Die Abfallhierarchie lautet: Vermeidung > Vorbereitung zur Wiederverwendung > Recycling > sonstige Verwertung > Beseitigung.

622) Bei Einmalspritzen und Kanülen darf die Schutzkappe wieder aufgesteckt werden, um Verletzungen zu vermeiden.

623) Extrahierte Zähne mit Amalgamfüllung müssen in dichten und verschließbaren Behältern entsorgt werden.

624) Medikamente können problemlos über den Restmüll entsorgt werden.

625) Entsorgungsbelege müssen drei Jahre aufbewahrt werden.

626) Zur Abfallvermeidung sollten größere Mehrwegartikel statt Einwegartikel verwendet werden, außer wo es zwingend erforderlich ist.

627) Recyclingpapier und umweltfreundliche Büromaterialien gehören zu den ökologischen Materialien.

628) Zum Umweltschutz gehört es, die Waschmaschine nur halb zu beladen, um Energie zu sparen.

629) Technische Geräte einer Zahnarztpraxis unterliegen gesetzlichen Prüfvorschriften zum Schutz von Personal und Patienten.

630) Ein Wartungsvertrag ist ein Werkvertrag mit Erfolgsgarantie, bei dem das Gerät wieder einsatzbereit sein muss.

631) Zu den Arten der Wartung gehören präventive Wartung und Reparaturservice.

632) Die Zahnärztin/der Zahnarzt muss das Abnahmeprotokoll erstellen und die Ersatzteile besorgen.

633) Autoklav, Behandlungseinheit und Feuerlöscher müssen alle zwei Jahre gewartet werden.

634) Das Röntgengerät muss alle drei Jahre gewartet werden.

635) Chirurgische Instrumente und Hand- und Winkelstücke werden durch die ZFA gewartet.

636) Ein Grund für Wartungsverträge ist die Erhaltung der Garantieansprüche und Kostenersparnis für Folgereparaturen.

Patientendatenmanagement

Hier testest du dein Wissen über den Umgang mit Patienteninformationen. Das Kapitel behandelt die elektronische Gesundheitskarte, elektronische Patientenakte, Karteiführung und EDV-Systeme in der Praxis.

Richtig oder falsch?

637) Die eGK dient als Versicherungsnachweis und Berechtigung für Leistungen der GKV sowie als Abrechnungsgrundlage.

638) Für das Auslesen der eGK sind der elektronische Heilberufsausweis des Zahnarztes (eZAA) und die PIN der Patienten erforderlich.

639) Bei Neupatienten muss die eGK nur beim ersten Besuch im Jahr eingelesen werden.

640) Wenn die eGK fehlt, muss die Karte binnen zehn Tagen nachgereicht werden, sonst erfolgt eine Privatrechnung.

641) Die ePA wird ab 15.1.25 für alle GKV-Patienten ab 16 Jahren eingeführt.

642) Wer die ePA nicht will, muss aktiv widersprechen.

643) Die ePA kann nur über das Smartphone mit der App der Krankenkasse genutzt werden.

644) Patienten können über die Einsicht, Einstellung oder Löschung ihrer Daten in der ePA selbst bestimmen.

645) Die Datenspeicherung erfolgt auf 2 Servern in Deutschland unter deutschem und europäischem Datenschutz.

646) Bei einem Kassenwechsel gehen alle Daten der ePA verloren.

647) Zu den Inhalten der ePA gehören Krankengeschichte, Diagnosen, Bilder, Befunde, eAU, e-Bonusheft und E-Rezepte.

648) Bei Verlust des Smartphones muss sofort die Krankenkasse informiert werden.

649) Der Kartenkopf enthält Stammdaten wie das Personalienfeld und Zusatzangaben wie Behandler, Arbeitgeber und Risiken.

650) Im Kartenrumpf werden Bewegungsdaten wie Datum, Gebührenziffern, Zahn, Region und Diagnose eingetragen.

651) Bei der Sortierung nach DIN 5007 werden Umlaute nicht aufgelöst, sondern wie normale Buchstaben behandelt.

652) Vorsatzwörter wie "von", "der" oder "Dr." werden bei der alphabetischen Sortierung nicht beachtet.

653) Die Herausgabe von Karteikarten an Patienten ist erlaubt, da sie Eigentum des Patienten sind.

654) Die Aufbewahrungsfrist für Karteikarten beträgt zehn Jahre ab Behandlungsende bzw. ab Sterbedatum.

655) Karteikarten können durch Zerreißen, Schreddern oder Verbrennen vernichtet werden, wobei ein Vernichtungsprotokoll anzufertigen ist.

656) Die Vernichtung von Karteikarten ist bereits am letzten Tag der Aufbewahrungsfrist möglich.

657) Nach dem EVA-Prinzip gehören Lesegerät, Maus, Scanner und Tastatur zur Eingabe-Hardware.

658) Betriebssysteme wie Windows und Linux ermöglichen das Starten des PCs.

659) Ein Netzwerk besteht aus mindestens zwei PCs, die untereinander verbunden sind.

660) Phishing-Mails sind betrügerische E-Mails zum Ausspähen von Bankdaten.

661) Stammdaten sind feste Daten, die sich relativ selten oder nie verändern, wie Name, Vorname und Geburtsdatum.

662) Bewegungsdaten sind veränderliche Daten wie Datum, Gebührenziffer, Behandlung und Diagnose.

663) Die Grundlagen des Datenschutzes umfassen die ärztliche Schweigepflicht, Musterberufsordnung, BDSG und DSGVO.

664) Die zahnärztliche Schweigepflicht endet mit dem Tod der Patienten.

665) Ein Datenschutzbeauftragter ist Pflicht, wenn ständig mehr als neun Personen in der Praxis mit der Verarbeitung personenbezogener Daten beschäftigt sind.

666) Daten per E-Mail dürfen nur verschlüsselt übersenden werden.

667) Im Wartebereich sollten Empfang und Wartebereich optisch und räumlich getrennt werden.

668) Patienten haben das Recht auf Benachrichtigung über gespeicherte Daten und Auskunft über Datenherkunft.

669) Patienten können die Berichtigung falscher Daten und Löschung unzulässig gespeicherter Daten verlangen.

670) Zahnärzte sind verpflichtet, alle erhobenen personenbezogenen Daten im Rahmen der gesetzlichen Aufbewahrungsfristen aufzubewahren.

671) Zu den Maßnahmen zum Schutz vor Datenverlust gehören Virenschutzprogramme und mehrmals tägliche Datenspeicherung.

672) Verdächtige E-Mails sollten geöffnet werden, um den Inhalt zu prüfen, bevor man sie löscht.

673) Kassenformulare wie AU, HKP und Erfassungsschein sind bei der KZV anzufordern.

674) Die eAU ist die digitale Übermittlung der Krankmeldung an die Krankenkasse und gilt nur für den Arbeitgeber.

675) Bei der eAU werden Diagnosen mit übermittelt.

676) Der Heil- und Kostenplan ist bei gesetzlich Versicherten vorgeschrieben, wenn Zahnersatz geplant ist.

677) Eine eAU kann innerhalb von 5 Tagen ab Absendetag storniert werden.

678) Die telefonische Krankschreibung ist für maximal 5 Tage möglich.

679) Bei telefonischer Krankschreibung muss der Patient in der Praxis bekannt sein und es dürfen keine schweren Symptome vorliegen.

680) Krankschreibung bei Videosprechstunden ist für maximal 7 Tage möglich.

681) Der HKP ist bei gesetzlich Versicherten vorgeschrieben, wenn Zahnersatz geplant ist.

682) Beim HKP muss zuerst das e-Bonusheft nachgetragen werden, bevor der Plan erstellt wird.

683) Das Original des HKP wird bei der Krankenkasse eingereicht.

684) E-Rezepte lösen das rosa Kassenrezept und später das Privatrezept ab.

685) Das BtM-Rezept ändert sich durch die E-Rezept-Einführung.

686) Jedes E-Rezept ist nur einmal nutzbar.

687) Für die Anmeldung in der E-Rezept-App benötigt der Patient eine NFC-fähige eGK mit 6-stelliger Zugangsnummer und PIN.

688) E-Rezepte haben eine Gültigkeit von 28 Tagen (mit minimalen Abweichungen nach je nach Bundesland und Krankenkasse).

689) OTC-Rezepte sind grün und der Patient zahlt den kompletten Betrag.

690) BtM-Rezepte sind gelb und haben eine Gültigkeit von sieben Tagen.

691) Der Eigenanteil bei rezeptpflichtigen Medikamenten beträgt 10% des Preises, mindestens 5,00€, maximal 10,00€.

692) Medikamente unter 5,00€ sind eigenanteilsfrei.

693) E-Rezept-Daten werden automatisch 100 Tage nach Einlösung gelöscht.

694) Wiederholungsrezepte sind insgesamt 4 mal möglich und 1 Jahr lang gültig.

695) Das e-Bonusheft gibt es kostenfrei ab dem zwölften Lebensjahr.

696) Bei 5 Jahren lückenlosem Bonusheft erhält man 70% Festzuschuss.

697) Bei 10 Jahren lückenlosem Bonusheft erhält man 75% Festzuschuss.

698) Härtefälle erhalten 100% Festzuschuss.

699) Der Regelzuschuss ohne Bonusheft beträgt 60%.

Praxisorganisation

Dieses Kapitel behandelt die Organisation und Gestaltung der Zahnarztpraxis. Von Arbeitsbereichen über Praxisräume bis hin zur ergonomischen Arbeitsplatzgestaltung.

Richtig oder falsch?

700) Zur Patientenbetreuung gehören Beratung, psychologische Betreuung und Hilfe in ungewöhnlichen Situationen.

701) Die Stuhlassistenz bei Untersuchungen und Behandlungen ist ein Arbeitsbereich der ZFA.

702) Zur Verwaltung gehören Karteiführung, Schriftverkehr, Formularwesen und Abrechnung.

703) Buchführung und Lagerverwaltung sind Teil des Verwaltungsbereichs.

704) EDV gehört zu den Verwaltungsaufgaben einer ZFA.

705) Die Organisation umfasst Dienst-, Urlaubs- und Terminplanung.

706) Qualitätsmanagement (QM) ist Teil der organisatorischen Aufgaben.

707) Zur Geräte- und Instrumentenpflege gehört die Aufbereitung von Medizinprodukten.

708) Säuberung, Desinfektion und Sterilisation sind Teil der Geräte- und Instrumentenpflege.

709) Das Aussortieren defekter Materialien und Instrumente gehört zur Geräte- und Instrumentenpflege.

710) Ersetzen und Reparieren defekter Materialien sind Aufgaben der Geräte- und Instrumentenpflege.

711) Praxishygiene umfasst nur die Reinigung der Behandlungsräume.

712) Zur Praxishygiene gehören saubere Räume, Flächen und sauberes Praxisinventar.

713) Die Behandlungseinheit gehört zum Praxisinventar, das im Rahmen der Praxishygiene sauber gehalten werden muss.

714) Schränke und Geräte sind Teil des Praxisinventars, das hygienisch sauber gehalten werden muss.

715) Bei den Raumtypen wird zwischen klinisch genutzten und nicht klinisch genutzten unterschieden.

716) Behandlungszimmer gehören zu den klinisch genutzten Räumen.

717) Die Anmeldung gehört zu den nicht klinisch genutzten Räumen.

718) Zum Personalbereich gehören Sozialraum, Umkleide und Personal-WC.

719) Der Wartebereich umfasst Wartezimmer mit Spielecke und möglichst barrierefreies WC.

720) Zum Kommunikationsbereich gehören Anmeldung, Garderobe, Behandlungsräume und Steri.

721) Röntgen, Labor, Büro, Lager und Archiv sind Teil des Kommunikationsbereichs.

722) Am Handwaschplatz müssen Wasserarmaturen mit Handberührung vorhanden sein.

723) Einmalhandtücher und Spender für Händedesinfektionsmittel gehören zum Handwaschplatz.

724) Für Gehbehinderte ist ein barrierefreier Zugang und ein funktionsfähiger Lift oder Rampe erforderlich.

725) Breite Durchgänge und automatische Türöffnung sind bauliche Besonderheiten für Gehbehinderte

726) Schwellenfreie Räume und rutschfester Boden gehören zu den Anforderungen für Gehbehinderte.

727) Mehrere Behandlungsräume bieten Zeitersparnis bei Vor- und Nachbereitung der Behandlung.

728) Die Trennung von Personal- und Patienten-WC dient dem Schutz der Privatsphäre und vor Infektionen.

729) Ein Umkleideraum und Spind für Mitarbeiter dient dem Hygieneschutz durch Trennung verschiedener Kleidungsarten.

730) Ergonomie ist die Wissenschaft von der menschlichen Arbeit und beschäftigt sich mit der Anpassung der Arbeit an den Menschen.

731) Zu den Zielen der Ergonomie gehören das Vermeiden von Gesundheitsschäden und die Erhaltung der Arbeitsfähigkeit.

732) Ergonomie hat das Ziel, die Arbeitsleistung zu steigern und die Arbeitszufriedenheit zu erhöhen.

733) Bei der Behandlungsposition sollte der Behandler direkt hinter dem Patienten stehen.

734) Die 9-Uhr-Position bedeutet, dass der Behandler links vom Patienten steht.

735) Bei der 4-Hand-Technik arbeiten Zahnarzt und ZFA direkt zusammen am Patienten.

736) Die ZFA sitzt bei der 4-Hand-Technik gegenüber dem Zahnarzt.

737) Der Mundspiegel gehört zur Grundausstattung bei der 4-Hand-Technik.

738) Bei der ergonomischen Arbeitsweise sollten die Oberarme locker am Körper anliegen.

739) Die Unterarme sollten waagerecht oder leicht nach unten geneigt sein.

740) Bei der ergonomischen Sitzhaltung sollten Ober- und Unterschenkel einen Winkel von 45° bilden.

Personalführung und Terminplanung

In diesem Bereich testest du dein Wissen über Personalmanagement und Zeitorganisation. Das Kapitel umfasst Führungsstile, Teamarbeit, Konfliktlösung und effiziente Terminplanung.

Richtig oder falsch?

741) Führung bedeutet, Mitarbeiter zu zielgerichtetem Verhalten zu veranlassen.

742) Beim autoritären Führungsstil entscheidet der Chef allein und gibt Anweisungen.

743) Beim kooperativen Führungsstil werden Mitarbeiter in Entscheidungen einbezogen und ihre Meinung wird gehört.

744) Der Laissez-faire-Führungsstil zeichnet sich durch starke Kontrolle und klare Anweisungen aus.

745) Beim Laissez-faire-Führungsstil erhalten Mitarbeiter viel Freiraum und wenig Kontrolle.

746) Zu den Aufgaben einer Führungskraft gehören Planen, Entscheiden, Realisieren und Kontrollieren.

747) Delegation bedeutet die Übertragung von Aufgaben an Mitarbeiter.

748) Bei der Delegation sollten nur die Aufgaben übertragen werden, nicht aber die Verantwortung.

749) Vorteile der Delegation sind Entlastung der Führungskraft und Förderung der Mitarbeiter.

750) Motivation kann nur durch Geld und materielle Belohnungen erreicht werden.

751) Zu den Motivationsfaktoren gehören Anerkennung, Verantwortung und Weiterbildungsmöglichkeiten.

752) Ein angemessenes Gehalt und gute Arbeitsbedingungen sind Hygienefaktoren nach Herzberg.

753) Konflikte entstehen, wenn unterschiedliche Interessen, Meinungen oder Ziele aufeinandertreffen.

754) Sachkonflikte beziehen sich auf unterschiedliche Standpunkte zu fachlichen Themen.

755) Beziehungskonflikte entstehen durch persönliche Antipathien oder Missverständnisse.

756) Bei der Konfliktlösung sollten emotionale Äußerungen grundsätzlich vermieden werden.

757) Aktives Zuhören und Ich-Botschaften sind hilfreiche Techniken bei der Konfliktlösung.

758) Bei der Zeitplanung sollte die gesamte verfügbare Zeit verplant werden.

759) Etwa 60% der Zeit sollten fest verplant werden, 40% als Pufferzeit dienen.

760) Das Eisenhower-Prinzip teilt Aufgaben nach Wichtigkeit und Dringlichkeit ein.

761) A-Aufgaben sind wichtig und dringend und sollten sofort selbst erledigt werden.

762) B-Aufgaben sind wichtig, aber nicht dringend und sollten terminiert werden.

763) C-Aufgaben sind nicht wichtig, aber dringend und sollten delegiert werden.

764) D-Aufgaben sind weder wichtig noch dringend und sollten eliminiert werden.

765) Ein Weisungssystem beschreibt, von welchen Stellen Mitarbeiter Weisungen erhalten.

766) Beim Einliniensystem erteilt ein Vorgesetzter Weisungen.

767) Das Einliniensystem findet sich typischerweise in der Einzelpraxis.

768) Der Vorteil des Einliniensystems ist die klare Struktur.

769) Der Nachteil des Einliniensystems ist die geringe Flexibilität.

770) Beim Mehrliniensystem erteilen mehrere Vorgesetzte Weisungen.

771) Das Mehrliniensystem kommt in Praxisgemeinschaften vor.

772) Das Mehrliniensystem findet sich auch in Gemeinschaftspraxen (Berufsausübungsgemeinschaft).

773) Der Vorteil des Mehrliniensystems ist die Anpassungsfähigkeit.

774) Der Nachteil des Mehrliniensystems ist die fehlende Abstimmung.

775) In einer Einzelpraxis ist das Mehrliniensystem die bevorzugte Organisationsform.

776) Das Einliniensystem bietet mehr Flexibilität als das Mehrliniensystem.

777) Bei Praxisgemeinschaften ist das Einliniensystem typisch.

778) Das Mehrliniensystem führt zu besserer Abstimmung zwischen den Vorgesetzten.

779) Weisungssysteme regeln Hierarchien, Kompetenzen, Verantwortlichkeiten und Kommunikationswege in Organisationen.

780) Die Wahl des Weisungssystems hängt von der Praxisstruktur ab.

781) In größeren Praxen ist das Einliniensystem immer vorzuziehen.

782) Das Weisungssystem bestimmt die Hierarchie in der Praxis.

783) Beide Weisungssysteme haben sowohl Vor- als auch Nachteile.

784) Das Weisungssystem sollte zur Praxisorganisation passen.

785) Weisungssysteme können während des Praxisbetriebs nicht geändert werden.

786) Die Effizienz einer Praxis hängt ausschließlich vom gewählten Weisungssystem ab.

787) Weisungssysteme regeln die Verantwortlichkeiten in der Praxis.

788) Das gewählte Weisungssystem beeinflusst die Arbeitsabläufe in der Praxis.

789) Führungsstil ist der Umgang der Vorgesetzten mit ihren Angestellten.

790) Führungsstil umfasst die Wahrnehmung der Führungsaufgaben und Ausübung der Führungskompetenzen.

791) Beim Laissez-faire-Stil verzichtet die Führungskraft weitgehend auf das Eingreifen in die Arbeitsabläufe.

792) Bei Laissez-faire handeln und entscheiden die Mitarbeiter nach eigenem Ermessen.

793) Bei Laissez-faire kontrollieren sich die Mitarbeiter innerhalb des Teams selbst.

794) Der Vorteil von Laissez-faire ist, dass keine Kontrolle nötig ist.

795) Der Nachteil von Laissez-faire ist eventuelles Chaos.

796) Beim autoritären Führungsstil hat die Führungskraft die alleinige Entscheidungskompetenz.

797) Beim autoritären Stil haben Mitarbeiter die alleinige Weisungskompetenz.

798) Bei autoritärer Führung müssen Mitarbeiter die Weisungen akzeptieren und ausführen.

799) Der Vorteil des autoritären Stils ist die klare Struktur.

800) Der Nachteil des autoritären Stils ist die starke Kontrolle.

801) Der demokratische Führungsstil wird auch kooperativ genannt.

802) Bei demokratischer Führung werden Mitarbeiter an Entscheidungen beteiligt.

803) Demokratische Führung umfasst Mitbestimmung bei Ausführung und Kontrolle.

804) Vorteile des demokratischen Stils sind Teamarbeit und Wertschätzung der Mitarbeiter.

805) Der Nachteil des demokratischen Stils ist, dass er zeitaufwendig ist.

806) Laissez-faire bedeutet maximale Kontrolle durch die Führungskraft.

807) Autoritäre Führung fördert die Eigeninitiative der Mitarbeiter.

808) Demokratische Führung ist immer effizienter als andere Führungsstile.

809) Jeder Führungsstil hat spezifische Vor- und Nachteile.

810) Die Wahl des Führungsstils sollte zur Situation und zu den Mitarbeitern passen.

811) Ein Führungsstil kann nicht während der Zusammenarbeit geändert werden.

812) Führungsstile beeinflussen die Arbeitsatmosphäre in der Praxis.

813) Bei der Teamarbeit bearbeiten mehrere Mitarbeiter arbeitsteilig Aufgaben und organisieren ihre Zusammenarbeit weitestgehend selbst.

814) Teambesprechungen sollten störungsfrei stattfinden, ohne Handys und Privatgespräche.

815) Bei Teamgesprächen sollten individuelle Probleme immer vor dem gesamten Team geklärt werden.

816) Vorteile von Teambesprechungen sind das Kennenlernen von gegenseitigen Problemen und die Förderung des Zusammenhalts.

817) Konflikte entstehen durch verschiedenartige Fachkenntnisse und unklare Rollen-, Aufgaben- und Kompetenzverteilung.

818) Wahrnehmung von Konflikten zeigt sich durch schlechte Stimmung im Team und Rückzug der ZFA.

819) Konflikte können offen (sofort erkennbar) oder versteckt (durch indirekte Signale) auftreten.

820) Die PAC-Methode steht für Problem benennen, Anliegen äußern und Checken.

821) Bei Konfliktgesprächen sollten Emotionen sofort angesprochen werden, ohne sie abklingen zu lassen.

822) Kritik sollte sich auf den Fehler beziehen, nicht auf den Menschen.

823) Bei der Kritikabgabe sollte man den anderen vor Dritten bloßstellen, um Nachdruck zu verleihen.

824) Unberechtigte Kritik sollte nicht angenommen werden.

825) Phase 1 des Konfliktablaufs zeigt verschiedene erkennbare Meinungen.

826) In Phase 4 des Konfliktablaufs herrscht eisiges Schweigen und keine Suche mehr nach Lösungen.

827) Bei Konfliktgesprächen sollte die Lösung mündlich festgehalten werden, um Flexibilität zu bewahren.

828) Konflikte können durch direktes Ansprechen unangenehmer Gefühle vermieden werden.

829) Belastungssituationen entstehen durch Zeit- und Termindruck, Über-/Unterforderung und mangelnde Anerkennung.

830) Stress-Symptome umfassen Erschöpfung, Überforderung, Reizbarkeit und psychosomatische Beschwerden.

831) Zur körperlichen Stressbewältigung gehören ausgewogene Ernährung, regelmäßige Bewegung und ausreichender Schlaf.

832) Bei wütenden Patienten sollte man sofort mit Gegenkritik reagieren, um die Situation zu klären.

833) Eine effektive Terminplanung erhöht die Zufriedenheit von Patienten und Mitarbeitern.

834) Schmerzpatienten gehören zu den nicht planbaren Ereignissen in der Zahnarztpraxis.

835) Arbeitsverträge und Arbeitszeiten gehören zu den planbaren Ereignissen bei Mitarbeitern.

836) Bei der Terminsprechstunde erfolgt die Behandlung in Reihenfolge der Termine.

837) Die offene Sprechstunde bietet Patienten flexible Terminplanung ohne Anmeldung.

838) Die halboffene Sprechstunde kombiniert feste Termine mit freier Terminwahl.

839) Ein Zahnarzt muss immer anwesend sein, auch wenn ZFA behandeln.

840) Recall ist das System einer regelmäßigen Terminerinnerung für Patienten.

841) Recall kann per Anruf, E-Mail oder SMS durchgeführt werden.

842) Für Recall ist keine Einwilligung der Patienten erforderlich.

843) Postkarten dürfen für Recall-Erinnerungen verwendet werden.

844) Bei der Urlaubsplanung haben Eltern schulpflichtiger Kinder Vorrang in den Schulferien.

845) Der gesetzliche Mindestjahresurlaub beträgt 24 Werktage.

846) Mindestens einmal muss der Urlaub 14 Tage am Stück genommen werden.

847) Resturlaub muss bis zum 31.03. des Folgejahres genommen werden.

848) Die Wartezeit bis zum vollen Jahresurlaub beträgt sechs Monate.

849) Bei Erkrankung im Urlaub werden die Krankheitstage nicht zum Urlaub gerechnet.

850) Sonderurlaub wird bei der eigenen Hochzeit oder dem Tod eines Verwandten ersten Grades gewährt.

851) Jobrotation bedeutet systematischer Arbeitsplatz- oder Aufgabenwechsel innerhalb des Betriebes.

852) Spezialisierung ermöglicht eine einfache Stellenvertretung im Dienstplan.

853) Bei der Terminsprechstunde werden feste Termine vergeben und die Behandlung erfolgt in Reihenfolge der Termine.

854) Die offene Sprechstunde bietet freie Terminwahl ohne Anmeldung.

855) Bei der halboffenen Sprechstunde werden feste Termine und freie Terminwahl kombiniert.

856) Patientenbehandlung erfordert, dass ein Zahnarzt immer anwesend sein muss.

857) Pufferzeiten sollten im Terminplaner eingerichtet werden.

858) Bei Schmerzpatienten sollte die Dringlichkeit durch eine Schmerzanamnese geprüft werden.

859) Patientenandrang gehört zu den planbaren Ereignissen in der Zahnarztpraxis.

860) GKV-Patienten sollten an eGK und Überweisung (bei KFO) erinnert werden.

861) Bei der Gestaltung der Dienstpläne sind Arbeitszeitmodelle der Mitarbeiter, Urlaub und Krankheit zu berücksichtigen.

862) Jobsharing hat den Vorteil von Kontakt zu Kollegen, aber den Nachteil von Abstimmungsproblemen.

863) Jobrotation ermöglicht systematischen Arbeitsplatz- oder Aufgabenwechsel und bietet breites Wissen der Mitarbeiter.

864) Die Dienstplangestaltung sollte immer unter Einbeziehung der Mitarbeitenden erfolgen, wobei Praxiserfordernisse Vorrang haben.

865) Bei der Urlaubsplanung haben Eltern schulpflichtiger Kinder/Azubis Vorrang für Urlaub in Schulferien.

866) Der gesetzliche Mindestjahresurlaub beträgt 24 Werktage.

867) Mindestens einmal im Jahr muss der Urlaub 14 Tage am Stück genommen werden.

868) Resturlaub muss bis zum 31.03. des Folgejahres genommen werden.

869) Die Wartezeit bis zum vollen Jahresurlaub beträgt sechs Monate.

870) Bei Erkrankung im Urlaub werden die Krankheitstage zum Urlaub gerechnet.

871) Sonderurlaub wird beim Tod eines Verwandten ersten Grades oder der eigenen Hochzeit gewährt.

872) Eine eigenmächtige Urlaubsverlängerung bei Krankheit führt zur fristlosen Kündigung.

QM-Systeme

Hier testest du dein Wissen über systematische Qualitätsverbesserung in der Zahnarztpraxis. Von QM-Grundlagen über verschiedene Systeme bis hin zu konkreten Instrumenten und Qualitätszielen.

Richtig oder falsch?

873) Das Qualitätsmanagement umfasst alle Maßnahmen, die es ermöglichen, die Dienstleistungen bestmöglich zu erbringen.

874) Ziele des QM sind Patientenzufriedenheit, klare Zuständigkeiten, fehlerfreie Arbeitsabläufe und Mitarbeiterzufriedenheit.

875) Das Leitbild fasst Werte, Überzeugungen, Mission, Vision und Praxiskultur zusammen.

876) Das Leitbild sollte ausschließlich vom Praxisinhaber erstellt werden, um einheitliche Vorgaben zu gewährleisten.

877) Der Gesetzgeber legt den Zahnarzt auf keines der angebotenen QM-Systeme fest.

878) Nach der QM-RL des G-BA sind Vertragszahnärzte verpflichtet, ein einrichtungsinternes Qualitätsmanagement einzuführen.

879) Vertragszahnärzte müssen ihr QM kontinuierlich weiterentwickeln.

880) Die QM-Richtlinie verhindert, dass Vertragszahnärzte ein individuelles QM für ihre Praxis entwickeln können.

881) Zu den Instrumenten des QM gehören Erhebung und Bewertung des Ist-Zustandes sowie Definition von Zielen.

882) Prozess- und Ablaufbeschreibungen, Checklisten und Praxishandbuch sind QM-Instrumente.

883) Patienten- und Mitarbeiterbefragungen sowie Schnittstellenmanagement gehören zu den QM-Instrumenten.

884) Risikomanagement für Diabetiker und multimorbide Patienten ist kein Bestandteil des einrichtungsinternen QM.

885) Strukturqualität bezieht sich auf die Qualität der Leistungserbringung wie Standort, moderne Räume und Geräteausstattung.

886) Prozessqualität umfasst die Optimierung der Arbeitsabläufe vom Patientenempfang bis zum Behandlungsabschluss.

887) Ergebnisqualität beinhaltet nur objektive Kriterien wie Heilungserfolg und Schmerzlinderung.

888) Zur Ergebnisqualität gehören sowohl objektive Kriterien als auch subjektive wie Patientenzufriedenheit und Mitarbeiterzufriedenheit.

889) Der PDCA-Zyklus ist ein Management-Kreislauf zur stetigen Verbesserung von Praxisabläufen und wird vom G-BA empfohlen.

890) Plan bedeutet Tätigkeiten und Ziele zur Verbesserung planen, Do die Durchführung der geplanten Maßnahmen.

891) Check umfasst die Überprüfung der Auswirkungen als Erfolgskontrolle.

892) Act bedeutet bei Nichterreichen der Ziele sofortigen Abbruch des Verbesserungsprozesses.

893) Qualitätsziele sollten kurz-, mittel- und langfristig gewählt und gemeinsam im Team festgelegt werden.

894) Die SMART-Regel bedeutet: Spezifisch, Messbar, Akzeptiert, Realistisch und Terminiert.

895) Bei der SMART-Methode bedeutet "Messbar", dass Ziele in Zahlen ausdrückbar sind.

896) Qualitätsziele müssen nur einmal jährlich überprüft und dokumentiert werden.

897) Verantwortlichkeiten und Zuständigkeiten sollten schriftlich und mündlich festgelegt werden.

898) Zu den wesentlichen Prozessen gehören Öffnungszeiten, Erreichbarkeit und Terminvergabe.

899) Datenschutz, Datensicherung und vertragszahnärztliches Gutachterwesen sind wesentliche Prozesse.

900) Die Einarbeitung neuer Mitarbeiter gehört nicht zu den wesentlichen Prozessen und Abläufen.

901) Schnittstellenmanagement regelt die koordinierte Zusammenarbeit aller Beteiligten.

902) Zu den Schnittstellen gehören Rückfragen beim Hausarzt und Überweisungen an KFO und MKG.

903) Zahntechniker, Alten- und Pflegeheime sowie Krankenkassen sind Teil des Schnittstellenmanagements.

904) Feste Ansprechpartner in verschiedenen Bereichen sind für das Schnittstellenmanagement nicht sinnvoll.

905) Verfahrensanweisungen beschreiben Arbeitsbereiche durch Aufzählung von Tätigkeiten.

906) Arbeitsanweisungen legen schrittweise einen Arbeitsablauf fest, wie z.B. Postbearbeitung oder Röntgen.

907) Checklisten sind Prüflisten zum Abhaken und bieten Vorteile wie schnelle Einarbeitung und einheitliche Arbeitsabläufe.

908) Tätigkeitsbezogene Checklisten umfassen nur Anamnesebogen und Terminvergabe.

909) Fortbildungen dienen dazu, regelmäßig neueste wissenschaftliche Fachkenntnisse zu erwerben.

910) Fortbildungsangebote gibt es durch KZV, Landeszahnärztekammer, Fachgesellschaften und Berufsgenossenschaften.

911) Die Erfassung des individuellen Fortbildungsbedarfs erfolgt durch Praxisinhaber, Praxismanager und individuelle Mitarbeitergespräche.

912) Fachzeitschriften von Fachverlagen gehören nicht zu den Fortbildungsmöglichkeiten.

913) Zu den Gestaltungsbereichen der Mitarbeiterzufriedenheit gehören Gehalt, Urlaubsdauer und regelmäßige Fort- und Weiterbildung.

914) Die Durchführung von Maßnahmen zur Mitarbeiterzufriedenheit erfolgt ausschließlich durch Einzelvereinbarungen.

915) Gemeinsame außerdienstliche Veranstaltungen sind eine Möglichkeit zur Verbesserung der Mitarbeiterzufriedenheit.

916) Ein besseres Sozialklima zählt nicht zu den Gestaltungsbereichen der Mitarbeiterzufriedenheit.

917) Die Patientenbefragung sollte maximal zehn Fragen auf maximal zwei Seiten enthalten.

918) Bei der Gestaltung des Fragebogens müssen statistische Daten wie Alter, Geschlecht und Beruf nicht erfragt werden.

919) Die Auswertung der Patientenbefragung kann durch Strichliste, Excel-Tabelle oder Diagramm erfolgen.

920) Die Information der Patienten über die Ergebnisse erfolgt ausschließlich über persönliche Gespräche.

921) Beschwerden werden zunächst mündlich erfasst und dann schriftlich dokumentiert.

922) Bei unberechtigten Beschwerden sollte die ZFA unfreundlich reagieren und den Patienten sofort abweisen.

923) Zu den Chancen einer Beschwerde gehören die Erhöhung der Patientenzufriedenheit und die Fehlervermeidung.

924) Beschwerden müssen ausschließlich vom Zahnarzt bearbeitet werden, die ZFA darf nicht damit umgehen.

925) Patienteninformationen sollten schriftlich, zuverlässig und verständlich sein.

926) Zu den Themenbereichen gehören nur häufige Erkrankungen und Prophylaxe.

927) Verhaltensregeln nach einem Eingriff sind ein wichtiger Themenbereich der Patienteninformation.

928) Die Verständlichkeit von Informationsmaterialien muss nicht überprüft werden.

929) Fehlermanagement wird nur bei tatsächlichen Fehlern durchgeführt, nicht bei Beinahe-Fehlern.

930) Fehlermeldesysteme können regelmäßig als fester TOP in Teamsitzungen behandelt werden.

931) Das Fehlermeldesystem "CIRS dent - Jeder Zahn zählt!" der KZV kann genutzt werden.

932) Fehlermanagement erfolgt ausschließlich in regelmäßigen Abständen, niemals anlassbezogen.

933) Der Notfallkoffer muss regelmäßig auf Vollständigkeit und Aktualität geprüft werden.

934) Nur der Zahnarzt muss im Erkennen von Notfällen geschult werden, die Mitarbeiter nicht.

935) Notfalltraining sollte in der Praxis durchgeführt werden.

936) Die Schulung der Mitarbeiter im Erkennen von Notfällen ist nicht erforderlich.

937) Geräte mit direktem Patientenkontakt müssen sterilisiert werden.

938) Ein Hygieneplan ist nur für einzelne Behandlungsräume erforderlich, nicht für die gesamte Praxis.

939) Patienten mit meldepflichtigen Krankheiten benötigen einen separaten Wartebereich.

940) Händedesinfektion umfasst nur die Durchführung, nicht die Indikation.

941) Eine Arzneimittelanamnese ist Teil der Arzneimitteltherapiesicherheit.

942) Die Prüfung auf Arzneimittelrisiken ist nicht erforderlich.

943) Der Medikationsplan der Hausärztin/des Hausarztes sollte erfragt werden.

944) Informationsmaterial für Patienten ist bei der Arzneimitteltherapiesicherheit nicht vorgesehen.

945) Eine Schmerzanamnese erfolgt durch W-Fragen.

946) Das Schmerzmanagement beschränkt sich nur auf akute Schmerzen.

947) Eine individuelle Versorgung von Patientinnen und Patienten mit chronischen Schmerzen ist Teil des Schmerzmanagements.

948) Die Schmerzanamnese ist optional und muss nicht bei jedem Schmerzpatienten durchgeführt werden.

949) Gefahrenstellen müssen erkannt und sichtbar gemacht werden.

950) Bauliche Veränderungen sind niemals notwendig bei der Sturzprophylaxe.

951) Persönliche Hilfestellung sollte angeboten werden.

952) Gefahrenstellen müssen nur erkannt, aber nicht beseitigt werden.

953) Die Dokumentation erfolgt in einem QM-Handbuch.

954) Das QM-Handbuch wird nur vom Zahnarzt bzw. der Zahnärztin erstellt.

955) Im QM-Handbuch werden Ziele, Zuständigkeiten und Verfahrensabläufe zusammengetragen.

956) Das QM-Handbuch muss nur einmal erstellt werden und bedarf keiner Aktualisierung.

957) Ein Audit ist die Überprüfung der Qualitätsstandards durch ein unabhängiges Zertifizierungsunternehmen.

958) Ein Zertifikat ist fünf Jahre gültig.

959) Mit einem gültigen Zertifikat ist Werbung in der Praxis oder am Praxisschild erlaubt.

960) Die Zertifizierung ist ein Prüfverfahren durch eine Akkreditierungsstelle.

Korrespondenz und Dokumentation

In diesem Kapitel testest du dein Wissen über die professionelle Bearbeitung von Korrespondenz in der Zahnarztpraxis. Du prüfst dein Verständnis zu verschiedenen Versendungsformen der Deutschen Post, dem korrekten Aufbau von Geschäftsbriefen, Briefbearbeitung und Postbearbeitung. Ordnungs- und Ablagesysteme für eine effiziente Dokumentenverwaltung stehen ebenfalls im Mittelpunkt.

Richtig oder falsch?

961) Ein Standardbrief kann bis zu 20 g wiegen.

962) Ein Kompaktbrief kostet 95 Cent.

963) Ein Maxibrief kann bis zu 1000 g wiegen.

964) Einschreiben Eigenhändig kann nur an den Empfänger oder einen Empfangsberechtigten zugestellt werden.

965) Der Briefkopf enthält die Postanschrift des Absenders, des Empfängers sowie Ort und Datum.

966) Das Anschreiben besteht aus Einleitung, Hauptteil und Schluss.

967) Die Zickzackfaltung ist eine Drittelfaltung längs für DL-Umschläge.

968) Ein Postskriptum ist ein obligatorischer Bestandteil jedes Briefes.

969) Privatpost und als persönlich gekennzeichnete Sendungen dürfen nicht geöffnet werden.

970) Beim Posteingang müssen Irrläufer und Werbung aussortiert werden.

971) Der Eingangsstempel muss lesbar, korrekt und in Höhe des Anschriftenfeldes angebracht werden.

972) Briefe mit der Adressierung "z. Hd. Ute Weiß" dürfen von Mitarbeitern geöffnet werden.

973) Eine Postvollmacht ist nur für gewöhnliche Sendungen erforderlich.

974) Beim Postausgang erfolgt die Sortierung nach Versandarten vor dem Wiegen.

975) Onlinefrankierung ist teurer als herkömmliche Briefmarken.

976) Bei der Eingangskontrolle müssen Restinhalte und Anlagen kontrolliert werden.

977) Tageswert-Dokumente wie Werbung sollen sofort vernichtet werden.

978) Prüfwert-Dokumente wie Angebote müssen dauerhaft aufbewahrt werden.

979) Dauerwert-Dokumente wie Verträge sind dauerhaft aufzubewahren.

980) Gesetzeswert-Dokumente wie Karteikarten unterliegen einer gesetzlichen Aufbewahrungsfrist.

981) Ordnungssysteme erleichtern das schnelle Wiederfinden von Daten in Ordnern.

982) Das alpha-numerische System ordnet nur nach Buchstaben.

983) Ein Beispiel für das mnemotechnische System ist HKP = Heil- und Kostenplan.

984) Das farbige System kann gesetzlich Versicherte blau und Privatpatienten grün kennzeichnen.

985) Ablagesysteme sollen einen schnellen Zugriff auf Unterlagen ermöglichen.

986) Das liegende Ablagesystem ist umständlich, aber preiswert.

987) Die Hängeregistratur ist übersichtlich, braucht aber viel Platz.

988) Das elektronische Ablagesystem am PC hat keinen Nachteil.

Gesetzliche Krankenversicherung

Hier testest du dein Wissen über die Abrechnung von Kassenleistungen nach dem BEMA-System. Das Kapitel behandelt Abrechnungsgrundlagen, Quartals- und Monatsabrechnungen, den Abrechnungsweg über die KZV sowie die verschiedenen Leistungsarten. Besonderer Fokus liegt auf dem Zahnersatzbereich und dem Heil- und Kostenplan.

Richtig oder falsch?

989) Der BEMA ist der Bewertungsmaßstab für zahnärztliche Leistungen.

990) Es gibt sechs verschiedene Leistungsarten im BEMA.

991) Kieferorthopädische Leistungen werden mit KFO abgekürzt.

992) Das Honorar errechnet sich aus Punktwert mal Bewertungszahl.

993) Der Punktwert wird jährlich neu festgesetzt.

994) Die KZV verhandelt den Punktwert mit den privaten Krankenkassen.

995) Leistungen müssen nach dem Wirtschaftlichkeitsgebot erbracht werden.

996) Die Leistungen müssen gemäß SGB V notwendig, ausreichend, wirtschaftlich und zweckmäßig sein.

997) KCH-Leistungen sind vierteljährlich abzurechnen.

998) KFO-Leistungen sind monatlich abzurechnen.

999) ZE-Leistungen sind monatlich abzurechnen.

1000) PAR-Leistungen sind vierteljährlich abzurechnen.

1001) KBR-Leistungen sind monatlich abzurechnen.

1002) Alle BEMA-Leistungen haben den gleichen Abrechnungszeitraum.

1003) Konservierende Leistungen werden quartalsweise abgerechnet.

1004) Kieferbruchbehandlungen sind vierteljährlich abzurechnen.

1005) Der Zahnarzt erstellt am Quartalsende die BEMA-Quartalsabrechnung.

1006) Die Quartalsabrechnung wird direkt an die Krankenkasse geschickt.

1007) Die KZV prüft die Quartalsabrechnung vor der Weiterleitung.

1008) Die Krankenkasse leitet das Geld direkt an die Zahnärzte weiter.

1009) Die KZV verteilt die Honorare an die Zahnärzte.

1010) Sowohl KZV als auch Krankenkasse prüfen die Quartalsabrechnung.

1011) Der Abrechnungsweg erfolgt in sieben Schritten.

1012) Die Zahnarztpraxis erhält das Honorar direkt von der Krankenkasse.

1013) Zahnersatz und Reparaturen werden durch die GKV fest bezuschusst.

1014) Die Ermittlung des Festzuschusses ist nur vom Befund abhängig.

1015) Klasse 1 umfasst erhaltungswürdige Zähne mit weitgehender Zerstörung der klinischen Krone.

1016) Bei andersartigem Zahnersatz erfolgt die Abrechnung über die KZV.

1017) Der HKP muss grundsätzlich vor der Behandlung kostenfrei eingereicht werden.

1018) Reparaturen sind von der HKP-Pflicht ausgenommen.

1019) Ein genehmigter HKP ist in der Regel zwölf Monate gültig.

1020) In Spalte B wird der zahnmedizinische Befund komplett eingetragen.

1021) Abschnitt IV wird vom Zahnarzt ausgefüllt.

1022) Das Honorar errechnet sich aus Punktwert mal Bewertungszahl.

1023) Teil 2 ist nur bei gleich- und andersartigen Versorgungen aufzustellen.

1024) Abgerechnete HKP sind fünf Jahre aufzubewahren.

Private Krankenversicherung

In diesem Bereich testest du dein Wissen über die Abrechnung nach der GOZ für Privatpatienten. Du prüfst dein Verständnis zu Steigerungsfaktoren, dem Unterschied zwischen Einfach-, Schwellen- und Höchstsatz sowie dem speziellen Abrechnungsweg für Privatpatienten und beihilfeberechtigte Personen.

Richtig oder falsch?

1025) Behandlungen von Privatversicherten werden nach der GOZ abgerechnet.

1026) Der 2,3-fache Gebührensatz bildet eine Behandlung ohne Komplikationen ab.

1027) Bei Faktoren über 2,3 ist keine Begründung erforderlich.

1028) Bei Faktoren über 3,5 muss dies vor Behandlung schriftlich vereinbart werden.

Abrechnungssysteme

Dieses Kapitel bietet eine systematische Übersicht über konkrete Abrechnungspositionen. Von Kariestherapie über endodontische Behandlungen bis hin zu chirurgischen Eingriffen, PAR-Behandlungen und prothetischen Maßnahmen. Du testest dein Wissen zu den entsprechenden BEMA- und GOZ-Nummern in praxisnahen Situationen.

Richtig oder falsch?

1029) Untersuchungen werden mit BEMA-Nr. 01 (U) abgerechnet.

1030) Der PSI Code wird mit BEMA-Nr. 04 (PSI) abgerechnet.

1031) Vitalitätsproben entsprechen der BEMA-Nr. 8 (Vipr).

1032) Orthopantomogramm wird mit BEMA-Nr. Ä935d (OPG) abgerechnet.

1033) Füllungstherapie umfasst die BEMA-Nrn. 13a-h.

1034) Einlagefüllungen haben eine entsprechende BEMA-Nummer.

1035) Lokalanästhesie wird mit BEMA-Nr. 41a (LI) abgerechnet.

1036) Vitalextirpation entspricht BEMA-Nr. 28 (VitE).

1037) Wurzelkanalfüllung wird mit BEMA-Nr. 35 (WF) abgerechnet.

1038) Hilfeleistungen bei Ohnmacht entsprechen BEMA-Nr. 02 (Ohn).

1039) Einfache Extraktion wird mit BEMA-Nr. 43 (X1) abgerechnet.

1040) Wurzelspitzenresektion umfasst die BEMA-Nrn. 54a-c (WR1-3).

1041) PAR-Status wird mit BEMA-Nr. 4 erstellt.

1042) Systematische PAR-Behandlung wird mit AIT und CPT abgerechnet.

1043) Individualprophylaxe umfasst die BEMA-Nrn. IP1-IP5.

1044) Heil- und Kostenplan hat eine eigene BEMA-Nummer.

1045) Provisorische Kronen werden mit BEMA-Nr. 19 abgerechnet.

1046) Einzelkronen umfassen die BEMA-Nrn. 20a-c.

1047) Vollprothesen werden mit BEMA-Nrn. 97a und 97b abgerechnet.

1048) Die 18-Tage-Regel für BEMA-Ä1 gilt für alle Behandlungsfälle.

Zusammenarbeit mit Zahntechnik

Hier testest du dein Wissen über die Zusammenarbeit mit zahntechnischen Laboren. Das Kapitel umfasst verschiedene Laborarten, Auswahlkriterien, den Ablauf von Laboraufträgen sowie die Rechnungserstellung und Bezahlung sowohl für Kassen- als auch für Privatpatienten.

Richtig oder falsch?

1049) Beim Praxislabor ist der Zahnarzt der Arbeitgeber.

1050) Beim Meisterbetrieb ist der Zahnarzt der Auftraggeber.

1051) Die Gewährleistungsfrist bei Fremdlaboren beträgt drei Jahre.

1052) Beim Praxislabor enthält die ZA-Rechnung die Material- und Laborkosten.

1053) Vertrauensvolle Zusammenarbeit ist ein Auswahlkriterium für die Vertragsbeziehung.

1054) Kostenvoranschläge spielen bei der Auswahl keine Rolle.

1055) Die Weiterbildung der Mitarbeiter ist ein wichtiges Auswahlkriterium.

1056) Kommunikation und Zusatzleistungen sind relevante Auswahlkriterien.

1057) Der erste Schritt ist das Einholen eines Angebots.

1058) Die Eingangskontrolle erfolgt vor der Lieferung oder Abholung.

1059) Die Rechnungsprüfung ist der letzte Schritt im Ablauf.

1060) Der Ablauf eines Laborauftrages umfasst sechs Schritte.

1061) Bei Kassenpatienten erfolgt die Laborabrechnung über BEL.

1062) Bei Privatpatienten erfolgt die Laborabrechnung über BEB.

1063) Die monatliche digitale Übermittlung der HKP-Datei erfolgt an die Krankenkasse.

1064) Bei Privatpatienten überweist der Zahnarzt das Geld an das Labor.

1065) Bei Kassenpatienten können Mehrkostenvereinbarungen gemäß GOZ abzüglich Festzuschuss erstellt werden.

1066) Fremdlaborrechnungen werden anhand der Auftragsnummer der HKP-Datei zugeordnet.

1067) Die Laborabrechnung erfolgt über BEL - Bundeseinheitliches Leistungsverzeichnis.

1068) Die Bezahlung erfolgt direkt durch die Patienten.

1069) Der Zahnarzt erstellt die Rechnung mit Gesamtsummen aus Labor- und Behandlungsrechnung.

1070) Die Laborabrechnung erfolgt über BEL.

1071) Der Patient zahlt direkt an das Labor.

1072) BEB ist das Gebührenverzeichnis zahntechnischer Leistungen für die Privatabrechnung.

1073) Die ZFA muss die Genehmigung des HKP in der Patientenkartei erfassen.

1074) Abdrucklöffel und Bissnahmen müssen vor Versand an das Labor desinfiziert werden.

1075) Der Eintrag des Laborauftrages erfolgt in das Laborkontrollbuch.

1076) Bei der Rechnungsprüfung werden nur die Kosten, nicht aber Art und Umfang der Leistungen kontrolliert.

Struktur des Gesundheitssystems

In diesem Kapitel testest du dein Wissen über das deutsche Gesundheitssystem als Ganzes. Du prüfst dein Verständnis zum Gesundheitsbegriff der WHO, den verschiedenen Aufgabenbereichen und Arbeitsfeldern, Berufen im Gesundheitswesen sowie dem Aufbau des öffentlichen Gesundheitsdienstes von der WHO bis zu lokalen Gesundheitsämtern.

Richtig oder falsch?

1077) Die WHO definiert Gesundheit als Zustand vollkommenen körperlichen, geistigen und sozialen Wohlbefindens und nicht allein das Fehlen von Krankheit und Gebrechen.

1078) Körperliches Wohlbefinden bedeutet nach der WHO-Definition unter anderem frei von Hals- und Bauchschmerzen zu sein.

1079) Soziales Wohlbefinden bezieht sich ausschließlich auf die Familie und schließt Freunde und Arbeitskollegen nicht mit ein.

1080) Geistiges Wohlbefinden nach WHO-Definition bedeutet psychisch gesund zu sein, beispielsweise frei von Stress und Depression.

1081) Für die Gesundheitspflege ist der Einzelne verantwortlich, beispielsweise durch gesunde Ernährung und ausreichende Bewegung.

1082) Gesundheitsschutz und Umweltmedizin fallen in die Verantwortung des Staates durch Gesetze wie Arbeitsschutz- und Seuchengesetze.

1083) Die kurative Medizin ist Aufgabe des Einzelnen und umfasst Selbstbehandlung von Krankheiten.

1084) Das Gebiet der Prävention erstreckt sich sowohl auf die Gesundheitspflege als auch auf den Gesundheitsschutz.

1085) Das Gesundheitssystem hat drei Hauptaufgaben: Kuration, Prävention und Rehabilitation.

1086) Kuration umfasst Heilung und Linderung, beispielsweise durch Extraktion und Schmerzbehandlung.

1087) Prävention bedeutet die Nachbehandlung von Krankheiten nach deren Heilung.

1088) Rehabilitation beinhaltet die Wiedereingliederung in den Alltag, zum Beispiel durch Implantate und Zahnersatz.

1089) Das Gesundheitssystem ist in drei Arbeitsfelder gegliedert: ambulante Versorgung, stationäre Versorgung und öffentlicher Gesundheitsdienst.

1090) Die ambulante Versorgung umfasst Praxen und Polikliniken und ist für kurative Behandlung und Gesundheitspflege zuständig.

1091) Der öffentliche Gesundheitsdienst wird ausschließlich von Krankenhäusern und Kliniken getragen.

1092) Die stationäre Versorgung durch Krankenhäuser und Kliniken ist sowohl für kurative Behandlung als auch für Rehabilitation zuständig.

1093) Zu den akademischen Heilberufen gehören Ärzte, Zahnärzte, Tierärzte, Apotheker und Psychologen.

1094) ZFA, MFA und TFA sind Beispiele für Assistenzberufe im Gesundheitswesen.

1095) Physiotherapeuten und Logopäden zählen zu den diagnostisch-technischen Berufen.

1096) Zahntechniker und Hebammen gehören zu den nicht ärztlichen Fachberufen.

1097) Alle approbierten Zahnärzte und Zahnärztinnen sind Mitglieder der Zahnärztekammer.

1098) Die Kassenzahnärztliche Vereinigung ist für die Abrechnung von Kassenpatienten und die Verteilung der Honorare zuständig.

1099) Die Zahnärztekammer führt ausschließlich Zwischen- und Abschlussprüfungen durch, hat aber keine Aufgaben in der Fort- und Weiterbildung.

1100) Gewerkschaften und Berufsverbände wie der VmF oder ver.di sind Interessensvertretungen eines Berufsstandes und führen unter anderem Tarifverhandlungen durch.

1101) Die Wirtschaft gliedert sich in vier Sektoren: Urerzeugung, industrieller Sektor, Dienstleistungssektor und Informationssektor.

1102) Landwirtschaft, Forstwirtschaft und Fischzucht gehören zum primären Sektor (Urerzeugung).

1103) Zahnärzte üben einen freien Beruf aus (Heilberuf).

1104) Handel, Transport- und Gastgewerbe sind dem sekundären Sektor (industrieller Sektor) zuzuordnen.

1105) Eine besondere fachliche Qualifikation und die Approbation sind Voraussetzungen für die Tätigkeit als Zahnarzt/Zahnärztin.

1106) Zahnärzte arbeiten leitend und eigenverantwortlich und erbringen persönliche Arbeitsleistungen wie Diagnose und Behandlung.

1107) Zahnärzte sind dem Gemeinwohl verpflichtet und arbeiten im Dienste der Gesundheit für die gesamte Gesellschaft.

1108) Die fachliche Unabhängigkeit bedeutet, dass Zahnärzte ausschließlich nach wirtschaftlichen Gesichtspunkten entscheiden können.

1109) Die Sachziele einer Zahnarztpraxis umfassen Vorbeugung, Erkennung und Behandlung von Zahn-, Mund- und Kieferkrankheiten.

1110) Zu den medizinischen Zielen gehören Heilung, Schmerzlinderung und Rehabilitation.

1111) Wirtschaftliche Ziele einer Praxis sind ausschließlich auf die Steigerung des Umsatzes ausgerichtet.

1112) Organisatorische Ziele beinhalten fehlerfreie Arbeitsabläufe und eine klare Struktur.

1113) Zielkonflikte ergeben sich aus dem Spannungsverhältnis zwischen Patientenzufriedenheit und wirtschaftlichem Erfolg.

1114) Ein hoher Zeitaufwand für Angstabbau steht im Konflikt zur Ergiebigkeit durch kurze Behandlungen.

1115) Individuelle Behandlung mit Terminwünschen führt immer zu kürzeren Wartezeiten für Patienten.

1116) Das Spannungsverhältnis zwischen Privatpatienten mit höherem Honorar und Kassenpatienten ist ein typischer Zielkonflikt.

1117) Das Ziel des Praxismarketings ist es, Neupatienten zu gewinnen und Stammpatienten zu binden.

1118) Zu den Kompetenzen des Zahnarztes gehören Zuwendung, Kommunikationsfähigkeit und ständige Fort- und Weiterbildung.

1119) Ein gepflegtes Äußeres und kommunikative Fähigkeiten sind wichtige Kompetenzen des Praxisteams.

1120) Werbung in Anzeigen ist für Zahnärzte grundsätzlich erlaubt und wird nicht durch die Berufsordnung geregelt.

1121) Corporate Identity umfasst Corporate Behaviour, Corporate Communication, Corporate Culture und Corporate Design.

1122) Moderne, gepflegte Behandlungsräume und Wartezimmer-Service gehören zu den Praxisräumen, Ausstattung und Service.

1123) Mediale Kommunikation kann über Homepage, E-Mail, Twitter und Facebook erfolgen.

1124) Corporate Design bezieht sich ausschließlich auf die einheitliche Sprache des Praxisteams nach außen und innen.

Arbeitssicherheit

Hier testest du dein Wissen über rechtliche Bestimmungen zum Schutz von Arbeitnehmern. Das Kapitel behandelt Jugendarbeitsschutz, Mutterschutz, Elternzeit und Elterngeld, Arbeitszeiten sowie besondere Regelungen für schwerbehinderte Menschen. Arbeitsrechtliche Grundlagen stehen im Mittelpunkt.

Richtig oder falsch?

1125) Das Jugendarbeitsschutzgesetz schützt Jugendliche im Alter von 15 bis 17 Jahren vor physischer und psychischer Belastung.

1126) Jugendliche dürfen maximal acht Stunden täglich und 40 Stunden wöchentlich arbeiten.

1127) Sonntagsarbeit im Notdienst ist für Jugendliche grundsätzlich erlaubt.

1128) Bei Jugendlichen müssen zwischen Arbeitsende und Arbeitsbeginn mindestens zwölf Stunden Freizeit liegen.

1129) Das Kündigungsverbot gilt vom Zeitpunkt, an dem der Arbeitgeber von der Schwangerschaft erfährt bis vier Monate nach der Geburt.

1130) Das Beschäftigungsverbot umfasst sechs Wochen vor und acht Wochen nach der Geburt.

1131) Vor der Geburt entscheidet die Schwangere selbst über das Beschäftigungsverbot, nach der Geburt gilt ein absolutes Beschäftigungsverbot.

1132) Zu den verbotenen Arbeiten gehören ausschließlich operative Eingriffe und Röntgenarbeiten.

1133) Die Elternzeit kann maximal drei Jahre dauern und in maximal drei Abschnitte aufgeteilt werden.

1134) Bis zu 24 Monate der Elternzeit können zwischen dem 3. und 8. Lebensjahr des Kindes genommen werden.

1135) Während der Elternzeit ist eine Teilzeitarbeit von maximal 32 Stunden pro Woche je Elternteil möglich.

1136) Die Anmeldefrist für Elternzeit beträgt einheitlich sieben Wochen, unabhängig vom Alter des Kindes.

1137) Basiselterngeld kann 12-14 Monate bezogen werden, wobei zwölf Monate plus zwei Partnermonate möglich sind.

1138) Das Elterngeld beträgt 67% des monatlichen Nettoentgelts der letzten zwölf Monate beim Basiselterngeld.

1139) Der Mehrlingszuschlag beträgt ab dem 2. Kind 300,00 € pro Kind und Monat beim Basiselterngeld.

1140) ElterngeldPlus kann maximal 20-24 Monate bezogen werden.

1141) Die tägliche Höchstarbeitszeit beträgt grundsätzlich 8 Stunden.

1142) Im Sonderfall sind täglich maximal 10 Stunden erlaubt, wenn innerhalb von 6 Monaten im Durchschnitt täglich 8 Stunden gearbeitet werden.

1143) Bei einer Arbeitszeit von 6,5 bis 9 Stunden ist mindestens 30 Minuten Pause vorgeschrieben.

1144) Sonn- und Feiertagsarbeit ist grundsätzlich erlaubt, außer im Notdienst.

1145) Als schwerbehindert gelten Personen ab einem vom Integrationsamt festgestellten Grad der Behinderung von 50% oder höher.

1146) Schwerbehinderte haben Anspruch auf fünf zusätzliche Urlaubstage.

1147) Schwerbehinderte genießen besonderen Kündigungsschutz.

1148) Arbeitgeber müssen immer eine Ausgleichsabgabe zahlen, wenn sie schwerbehinderte Menschen beschäftigen.

Sozialversicherungssystem

Dieses Kapitel behandelt das deutsche Sozialversicherungssystem. Du testest dein Wissen über die fünf Säulen der Sozialversicherung, Beitragssätze, Leistungen und das Solidaritätsprinzip. Zusätzlich werden Individualversicherungen und staatliche Sozialleistungen behandelt.

Richtig oder falsch?

1149) Artikel 20 Abs. 1 Grundgesetz besagt, dass die Bundesrepublik Deutschland ein sozialer Bundesstaat ist.

1150) Die Rechtsgrundlage der Sozialversicherung ist das SGB V (5. Sozialgesetzbuch).

1151) Die Sozialversicherung ist eine Pflichtversicherung für alle Arbeitnehmer und Angestellten.

1152) Die Beitragszahler sind Arbeitnehmer und Arbeitgeber je zur Hälfte, mit Ausnahme der Pflege- und Unfallversicherung.

1153) Beim Solidaritätsprinzip richtet sich der Beitrag nach dem Bruttoverdienst und jeder erhält die gleichen Leistungen.

1154) Der Gesamtbeitragssatz der Krankenversicherung beträgt 14,6% plus maximal 1,7% individueller Zusatzbeitrag.

1155) Familienversicherte Kinder sind bis 25 Jahre während Schul- oder Berufsausbildung sowie im Studium mitversichert.

1156) In der Krankenversicherung herrscht das Geldleistungsprinzip vor dem Sachleistungsprinzip.

1157) Der befundorientierte Festzuschuss bei Zahnersatz ist eine Leistung der Krankenversicherung.

1158) Das Wirtschaftlichkeitsgebot besagt, dass Leistungen der Krankenversicherung ausreichend, zweckmäßig, wirtschaftlich und notwendig sein müssen.

1159) Der Basisbeitragssatz der Pflegeversicherung beträgt 3,4%.

1160) Kinderlose über 23 Jahre zahlen einen Zuschlag von 0,6% zur Pflegeversicherung.

1161) Es gibt fünf Pflegegrade von Pflegegrad 1 bis Pflegegrad 5.

1162) Der Gesamtbeitragssatz der Arbeitslosenversicherung beträgt 2,6%.

1163) Arbeitslosengeld I beträgt 60% ohne Kind bzw. 67% mit Kind vom Nettoverdienst.

1164) Die Dauer des Arbeitslosengeld I-Bezuges beträgt einheitlich 12 Monate.

1165) Der Gesamtbeitragssatz der Rentenversicherung beträgt 18,6%.

1166) Das Umlageverfahren bedeutet, dass die Beiträge sofort wieder an die Rentner ausgezahlt werden.

1167) Die Regelaltersrente beginnt ab Geburtsjahrgang 1964 mit 67 Jahren.

1168) Das Drei-Säulen-Modell der Altersvorsorge umfasst gesetzliche, betriebliche und private Vorsorge.

1169) Riester- und Rürup-Rente sind staatlich geförderte private Altersvorsorge.

1170) Die Beiträge zur Unfallversicherung zahlt der Arbeitgeber allein direkt an die BGW.

1171) Arbeitsunfälle müssen im Verbandbuch dokumentiert werden, um bei Spätfolgen Kostenübernahme zu gewährleisten.

1172) Die Sozialgerichte sind die Gerichte erster Instanz für alle öffentlich-rechtlichen Streitigkeiten in der Sozialversicherung.

1173) Der Gesamtbeitragssatz zur Krankenversicherung beträgt 14,6% plus maximal 1,7% individueller Zusatzbeitrag.

1174) Kinder sind bis zum 25. Lebensjahr automatisch familienversichert, unabhängig von ihrer Tätigkeit.

1175) In der gesetzlichen Krankenversicherung herrscht das Sachleistungsprinzip, Ausnahme ist z.B. das Mutterschaftsgeld.

1176) Der Arbeitnehmerbeitragssatz zur Krankenversicherung beträgt maximal 8,15%.

1177) Der Basisbeitragssatz zur Pflegeversicherung beträgt 3,4%.

1178) Kinderlose über 23 Jahre zahlen einen Zuschlag von 0,6% zur Pflegeversicherung.

1179) Ab dem 2. Kind unter 25 Jahren gibt es Abschläge von 0,25% je Kind.

1180) In Sachsen gelten die gleichen Beitragssätze wie in allen anderen Bundesländern.

1181) Der Gesamtbeitragssatz zur Arbeitslosenversicherung beträgt 2,6%.

1182) Arbeitslosengeld I beträgt 60% (ohne Kind) bzw. 67% (mit Kind) vom Nettoverdienst.

1183) Die Dauer des Arbeitslosengeld I-Bezuges hängt nur vom Lebensalter ab.

1184) Träger der Arbeitslosenversicherung ist die Bundesagentur für Arbeit in Nürnberg.

1185) Der Gesamtbeitragssatz zur Rentenversicherung beträgt 18,6%.

1186) Die Regelaltersrente beginnt ab Geburtsjahrgang 1964 mit 67 Jahren.

1187) Das Umlageverfahren bedeutet, dass die Beiträge angespart und später ausgezahlt werden.

1188) Kindererziehungszeiten in den ersten drei Lebensjahren wirken rentenbegründend und rentensteigernd.

1189) Die Beiträge zur Unfallversicherung zahlt der Arbeitgeber allein.

1190) Träger im Gesundheitsbereich ist die Berufsgenossenschaft für Gesundheitsdienst und Wohlfahrtspflege (BGW) in Hamburg.

1191) Arbeitsunfälle müssen im Verbandbuch dokumentiert werden, um bei Spätfolgen Kostenübernahme zu gewährleisten.

1192) Die Unfallversicherung deckt nur Arbeitsunfälle ab, nicht aber Wegeunfälle.

1193) Die Sozialgerichte sind die Gerichte erster Instanz für alle öffentlich-rechtlichen Streitigkeiten in der Sozialversicherung.

1194) Sozialgerichte sind auch für privatrechtliche Streitigkeiten zuständig.

1195) Bei Streitigkeiten in der Krankenversicherung ist das Sozialgericht der zuständige Klageort.

1196) Sozialgerichte sind ausschließlich für Rentenversicherungsstreitigkeiten zuständig.

1197) Der Beitritt zu Individualversicherungen ist freiwillig.

1198) Die Beitragshöhe richtet sich nach Leistungsumfang und Risiko.

1199) Die Urkunde bei Vertragsabschluss wird Police genannt.

1200) Personenversicherungen decken Schäden an der eigenen Person ab.

1201) Die Kfz-Haftpflicht ist eine Sachversicherung.

1202) In der PKV zahlen Familienangehörige eigene Beiträge.

1203) In der PKV gilt das Sachleistungsprinzip wie in der GKV.

1204) Beamte erhalten von der Beihilfe einen Teil der Kosten erstattet, den Rest übernimmt die PKV.

1205) Sozialleistungen sind staatliche Zahlungen ohne Gegenleistung des Bürgers.

1206) Das Kindergeld beträgt für jedes Kind 250,00 € pro Monat.

1207) Mutterschaftsgeld wird durch die Krankenkasse erbracht.

1208) BAföG wird nur an Studierende gezahlt.

Karrieremöglichkeiten ZFA

In diesem Bereich testest du dein Wissen über Karriereentwicklung und Bewerbungsverfahren. Das Kapitel umfasst Bewerbungsunterlagen, Vorstellungsgespräche, Arbeitsverträge und deren Inhalte, Kündigungsschutz sowie Fort- und Weiterbildungsmöglichkeiten. Das Konzept des lebenslangen Lernens wird ebenfalls behandelt.

Richtig oder falsch?

1209) Eine vollständige Bewerbung enthält Anschreiben, Deckblatt, Foto, lückenlosen tabellarischen Lebenslauf und Zeugnisse.

1210) Bei nicht erlaubten Fragen im Vorstellungsgespräch sind Notlügen erlaubt.

1211) Fragen zur bestehenden Schwangerschaft sind im Vorstellungsgespräch erlaubt.

1212) Die Bewerbungsunterlagen dürfen gelocht oder geheftet sein.

1213) Unbefristete Verträge sind formfrei, befristete Verträge müssen zwingend schriftlich sein.

1214) Die Probezeit darf maximal 6 Monate betragen.

1215) Bei Krankheit besteht Anspruch auf Lohnfortzahlung ab dem ersten Tag der Betriebszugehörigkeit.

1216) Die Lohnfortzahlung bei Krankheit erfolgt sechs Wochen bei vollem Gehalt.

1217) Eine ordentliche Kündigung muss zwingend schriftlich erfolgen.

1218) Bei der Beendigung durch Kündigung muss der Arbeitnehmer einen Kündigungsgrund angeben.

1219) Die gesetzliche Kündigungsfrist nach der Probezeit beträgt vier Wochen zum 15. oder Monatsende.

1220) Eine außerordentliche Kündigung muss spätestens 30 Tage nach dem Ereignis erfolgen.

1221) Schwangere haben besonderen Kündigungsschutz.

1222) Bei zweijähriger Betriebszugehörigkeit verlängert sich die Kündigungsfrist des Arbeitgebers auf einen Monat zum Monatsende.

1223) Eine Kündigungsschutzklage muss binnen drei Wochen vor dem Arbeitsgericht erhoben werden.

1224) Nach einer Kündigung hat der Arbeitnehmer automatisch Anspruch auf Freistellung für Vorstellungsgespräche.

1225) Fortbildung und Weiterbildung werden alltagssprachlich synonym gebraucht, haben aber Unterschiede.

1226) Fortbildung führt zu höherem Gehalt, Weiterbildung nicht.

1227) Weiterbildung dauert in der Regel länger als Fortbildung.

1228) ZMP steht für Zahnmedizinische/r Prophylaxeassistent/in.

1229) Anpassungsfortbildungen umfassen zwischen 40 und 280 Stunden.

1230) Aufstiegsfortbildungen umfassen zwischen 280 und 400 Stunden.

1231) Das Berufsbildungsgesetz sieht künftig ein 3-Stufen-Modell vor.

1232) Die Stiftung Begabtenförderung berufliche Bildung (SBB) fördert nur Personen über 25 Jahre.

1233) Lebenslanges Lernen ist alles Lernen, das der Verbesserung von Wissen, Qualifikation und Kompetenzen dient.

1234) Lebenslanges Lernen ist freiwillig und selbstmotiviert.

1235) Lebenslanges Lernen erstreckt sich von der Kindheit bis ins Alter.

1236) Lebenslanges Lernen findet ausschließlich in Bildungseinrichtungen statt.

1237) Tarifpartner dürfen Tarifverträge frei und ohne staatlichen Einfluss aushandeln.

1238) Für Tarifbindung müssen sowohl ZFA als auch Zahnarzt Mitglied im jeweiligen Berufsverband sein.

1239) Der Entgelttarifvertrag regelt Arbeitszeiten und Urlaub.

1240) Das Günstigkeitsprinzip erlaubt günstigere Bedingungen im Arbeitsvertrag.

Vergütung und Tarifrecht

Hier testest du dein Wissen über verschiedene Lohnformen und die Zusammensetzung des Arbeitsentgelts. Das Kapitel behandelt Lohnsteuer, Sozialversicherungsbeiträge und deren Berechnung. Praktische Beispiele zur Gehaltsabrechnung und Berechnung von Teilzeitgehältern stehen im Mittelpunkt.

Richtig oder falsch?

1241) Es wird unterschieden zwischen Lohn (Arbeiter/in) und Gehalt (Angestellte/r).

1242) Der Mindestlohn beträgt ab 01.01.2025: 12,82 € pro Stunde.

1243) Akkordlohn ist ein Entgelt nach Stückleistung, vor allem in der Produktion.

1244) Prämienlohn besteht nur aus der Prämie ohne Grundlohn.

1245) Die Höhe der Lohnsteuer hängt vom Bruttoverdienst, der Steuerklasse und eventuellen Steuerfreibeträgen ab.

1246) Die Kirchensteuer beträgt 8% oder 9% der Lohnsteuer je nach Religionszugehörigkeit und Bundesland.

1247) Der Solidaritätszuschlag beträgt 5,5% der Lohnsteuer für alle Steuerpflichtigen.

1248) Steuerklasse III ist für Verheiratete mit dem höheren Einkommen (mehr als 50% des gemeinsamen Einkommens).

1249) Der Arbeitgeber überweist die Gesamtbeiträge (ohne Unfallversicherung) an die Krankenkassen.

1250) Ein Mini-Job ist bis 538,00 € pro Monat steuer- und abgabenfrei.

1251) Die Beitragsbemessungsgrenze für Kranken- und Pflegeversicherung wird jährlich an die Einkommensentwicklung angepasst.

1252) Die Jahresarbeitsentgeltgrenze für Kranken- und Pflegeversicherung entspricht der Beitragsbemessungsgrenze.

1253) Das Bruttogehalt ist das Gehalt ohne Abzüge.

1254) Das Nettogehalt ist der Betrag, der ausgezahlt wird.

1255) Freiwillige Sonderzahlungen werden zum Bruttogehalt addiert.

1256) Der Arbeitnehmerbeitrag zur Krankenversicherung beträgt maximal 8,15%.

1257) Der Gesamtbeitragssatz zur Pflegeversicherung beträgt für Kinderlose 4,0%.

1258) Der Arbeitnehmerbeitrag zur Rentenversicherung beträgt 9,3%.

1259) Die Unfallversicherung wird zur Hälfte von Arbeitnehmer und Arbeitgeber getragen.

1260) Der Mindestlohn beträgt ab 01.01.2025 12,82 €/Std.

1261) Der Arbeitnehmerbeitrag zur Arbeitslosenversicherung beträgt 1,3%.

1262) Ein Mini-Job ist bis 538,00 €/Monat steuer- und abgabenfrei.

1263) Bei einem Midi-Job fallen reduzierte Sozialversicherungsbeiträge an.

1264) Die Kirchensteuer beträgt 8% oder 9% der Lohnsteuer.

1265) Der Solidaritätszuschlag wird von allen Arbeitnehmern gezahlt.

1266) 167 Std. entsprechen den Arbeitsstunden pro Monat bei 38,5 Std./Woche.

1267) Bei der Berechnung von Teilzeitgehalt wird mit dem Faktor 4,3 Wochen pro Monat gerechnet.

1268) Kinderlose über 23 Jahre zahlen einen Zuschlag von 0,6% zur Pflegeversicherung.

Praxisfinanzierung

Dieses Kapitel behandelt Grundlagen des betrieblichen Zahlungsverkehrs. Von Barzahlung über bargeldlose Zahlungsmethoden bis hin zu modernen elektronischen Verfahren. Du testest dein Wissen über verschiedene Finanzierungsformen wie Kredite, Leasing und Factoring.

Richtig oder falsch?

1269) Barzahlung ist die Zahlung mit Scheinen und Münzen.

1270) Eine Quittung dient als Beweismittel für die Leistung einer Zahlung.

1271) Im Kassenbuch werden nur die Bareinnahmen der Praxis erfasst.

1272) Eintragungen im Kassenbuch müssen mit einem nicht löschbaren Stift vorgenommen werden.

1273) Bei der halbbaren Zahlung ist auf beiden Seiten ein Bankkonto nötig.

1274) Nachnahme funktioniert nach dem Grundsatz "Ware gegen Bezahlung".

1275) Der Höchstbetrag für Nachnahme bei der Post beträgt 1.600,00 €.

1276) Barscheck ist eine Form der halbbaren Zahlung.

1277) Bei bargeldloser Zahlung haben sowohl Zahler als auch Empfänger ein Girokonto.

1278) Die IBAN ist eine internationale Kontonummer.

1279) BIC ist nur bei Inlandsüberweisungen zwingend erforderlich.

1280) Ein Dauerauftrag überweist einen gleichbleibenden Betrag regelmäßig.

1281) Bei SEPA-Lastschrift darf der Empfänger Geld vom Konto des Zahlers abbuchen.

1282) Die meisten Bankkarten sind international nutzbar, oft gegen Gebühren.

1283) ECC bietet eine Zahlungsgarantie, ELV hingegen nicht.

1284) Die Geldkarte kann maximal mit 200,00 € aufgeladen werden.

1285) Bei der Geldkarte sind PIN oder Unterschrift für die Bezahlung nötig.

1286) Kreditkarten werden monatlich abgerechnet.

1287) PayPal ist ein Beispiel für ePayment.

1288) ePayment-Verfahren haben unterschiedliche, anbieterabhängige Gebührenstrukturen.

1289) Lieferantenkredit ist ein Kredit ohne Kreditvertrag.

1290) Dispositionskredit ist ein langfristiger Bankkredit.

1291) Ratenkredit wird in gleichbleibenden Teilbeträgen zurückgezahlt.

1292) Dispositionskredit ist mit niedrigen Überziehungszinsen belegt.

1293) Kreditverträge müssen ab einer Kreditsumme von 200,00 € schriftlich gefasst werden.

1294) Ein Widerruf des Kreditvertrags ist innerhalb von 14 Tagen möglich.

1295) Vor Abschluss eines Kreditvertrages sollte man bei mehreren Banken Zinsen und Gebühren vergleichen.

1296) Durch einen Kreditvertrag verpflichtet sich ein Kreditinstitut zur Gewährung eines Kredits zu vereinbarten Konditionen.

1297) Beim Leasing ist der Leasinggeber der Eigentümer des Objekts.

1298) Die Praxis wird beim Leasing Eigentümer des geleasten Objekts.

1299) Ein Vorteil des Leasings ist die Rücknahme veralteter Geräte nach der Mietdauer.

1300) Nach der Mietdauer kann ein Restkaufpreis anfallen.

1301) Ein Factoring-Unternehmen kauft Patientenforderungen der Praxis an.

1302) Das Factoring-Unternehmen übernimmt das Risiko eines Zahlungsausfalls.

1303) PVS steht für Privatärztliche Verrechnungsstellen.

1304) Ein Vorteil des Factorings ist mehr Zeit für die Patientinnen und Patienten.

Rechtsgrundlagen

In diesem Bereich testest du dein Wissen über die deutsche Rechtsordnung. Das Kapitel umfasst die Unterscheidung zwischen öffentlichem und bürgerlichem Recht, Rechtsobjekte und -subjekte, Geschäftsfähigkeit sowie verschiedene Arten von Rechtsgeschäften.

Richtig oder falsch?

1305) Rechtsordnung ist die Gesamtheit des gültigen objektiven Rechts.

1306) Öffentliches Recht regelt Rechtsbeziehungen zwischen Staat und Bürger.

1307) Strafrecht ist Teil des Bürgerlichen Rechts.

1308) Das Bürgerliche Gesetzbuch (BGB) regelt Streitigkeiten unter Bürgern.

1309) Rechtsobjekte sind Gegenstände des Rechts.

1310) Ein Auto ist eine unbewegliche Sache.

1311) Eigentum ist die rechtliche Herrschaft über eine Sache.

1312) Eigentum und Besitz sind immer identisch.

1313) Rechtssubjekte sind Träger von subjektiven Rechten und Pflichten.

1314) Alle Menschen sind natürliche Personen.

1315) Vereine sind juristische Personen.

1316) Die Zahnärztekammer ist eine natürliche Person.

1317) Rechtsfähigkeit ist die Eigenschaft, Träger von Rechten und Pflichten zu sein.

1318) Die Rechtsfähigkeit eines Menschen beginnt mit der Vollendung der Geburt.

1319) Die Rechtsfähigkeit endet mit dem Tod des Menschen.

1320) Nur natürliche Personen können rechtsfähig sein.

1321) Kinder von 0-7 Jahren sind geschäftsunfähig.

1322) Personen von 7-18 Jahren sind beschränkt geschäftsfähig.

1323) Bei beschränkt Geschäftsfähigen sind Rechtsgeschäfte sofort nichtig.

1324) Berufsmündigkeit erlaubt Geschäfte im Auftrag des Chefs.

1325) Rechtsgeschäfte bestehen aus mindestens einer Willenserklärung.

1326) Eine Kündigung ist ein nicht empfangsbedürftiges Rechtsgeschäft.

1327) Ein Testament ist ein nicht empfangsbedürftiges Rechtsgeschäft.

1328) Ein Kaufvertrag ist ein zweiseitig verpflichtender Vertrag.

Vertragsrecht

Hier testest du dein Wissen über verschiedene Vertragsformen und deren Besonderheiten. Besonderer Fokus liegt auf Kaufverträgen, deren Abschluss, Erfüllung und möglichen Störungen. Der Ausbildungsvertrag und der Behandlungsvertrag werden detailliert behandelt, einschließlich der jeweiligen Rechte und Pflichten.

Richtig oder falsch?

1329) Ein Behandlungsvertrag ist ein Vertrag ohne Erfolgsgarantie.

1330) Ein Werkvertrag bietet eine Erfolgsgarantie.

1331) Die Herstellung von Zahnersatz ist ein Dienstvertrag.

1332) Ein Leihvertrag ist ein kostenloser Gebrauch einer Sache.

1333) Verträge kommen durch zwei inhaltlich übereinstimmende Willenserklärungen zustande.

1334) Grundsätzlich herrscht Formfreiheit bei Verträgen.

1335) Ein Ausbildungsvertrag erfordert schriftliche Form.

1336) Notarielle Beurkundung bescheinigt nur die Richtigkeit der Unterschrift.

1337) Nichtige Rechtsgeschäfte sind von Anfang an ungültig.

1338) Geschäfte von geschäftsunfähigen Personen sind nichtig.

1339) Bei der Anfechtung ist das Rechtsgeschäft zunächst gültig.

1340) Arglistiges Verschweigen ist kein Anfechtungsgrund.

1341) Die Ausbildung zur ZFA ist eine duale Berufsausbildung.

1342) Die duale Ausbildung findet nur im Betrieb statt.

1343) Name und Anschrift der Vertragspartner sind Mindestinhalte des Ausbildungsvertrages.

1344) Ein Vorteil der dualen Ausbildung ist die Verknüpfung von Theorie und Praxis.

1345) Das duale System findet an zwei Lernorten statt.

1346) Die Berufsschule vermittelt Theorie und Fachwissen.

1347) Der Betrieb vermittelt Fachbildung und Fertigkeiten.

1348) Ein Nachteil der dualen Ausbildung ist fehlende Vergütung.

1349) Die Probezeit gehört zu den Mindestinhalten des Ausbildungsvertrages.

1350) Vergütung und Urlaub sind Mindestinhalte des Ausbildungsvertrages.

1351) Auszubildende haben einen Anspruch auf Erstattung der Kosten für die Anschaffung notwendiger Fachliteratur.

1352) Die sachliche und zeitliche Gliederung der Ausbildung ist kein Mindestinhalt.

1353) Die gestreckte Abschlussprüfung besteht aus Teil 1 nach 18 Monaten und Teil 2 nach 34 Monaten.

1354) GAP 1 findet sowohl im Sommer als auch im Winter statt.

1355) Zur Freistellung bei GAP 1 gehört der Tag vor der Prüfung, der Prüfungstag und die Wegezeit.

1356) Bei Prüfungen am Montag, Feiertag oder Berufsschultag gibt es eine Freistellung am Tag vorher.

1357) Streitigkeiten können durch Ausbilder/-in oder Ausbildungsberater/-in gelöst werden.

1358) Die zuständige Landeszahnärztekammer kann zur Vermittlung angerufen werden.

1359) Streitigkeiten aus dem Ausbildungsvertrag werden vor dem Amtsgericht geklärt.

1360) Alle Streitigkeiten müssen zwingend vor Gericht verhandelt werden.

1361) Das Berufsbildungsgesetz (BBiG) regelt die betriebliche Ausbildung.

1362) Die Ausbildungsordnung wird vom Kultusministerium erlassen.

1363) Der Ausbildungsrahmenplan gliedert die betriebliche Ausbildung sachlich und zeitlich.

1364) Der Rahmenlehrplan regelt die Lehrinhalte der Berufsschule.

1365) Ein Kaufvertrag kommt durch einen Antrag und dessen Annahme zustande.

1366) Fernabsatzverträge ermöglichen einen Widerruf und die Rückgabe der Ware binnen 14 Tagen.

1367) Bei einem einseitigen Handelskauf sind beide Vertragspartner Kaufleute.

1368) Allgemeine Geschäftsbedingungen (AGB) können von den Vertragspartnern nicht abgeändert werden.

1369) Die Bezugsquellenermittlung kann intern durch Lieferantenkartei erfolgen.

1370) Externe Bezugsquellen sind ausschließlich die Gelben Seiten.

1371) Eine Anfrage ist verbindlich und verpflichtet zur Bestellung.

1372) Anfragen dienen dem Vergleich von Preisen und Lieferungsbedingungen.

1373) Eine allgemeine Anfrage bezieht sich auf Informationen über das Sortiment.

1374) Eine bestimmte Anfrage fragt nach einem spezifischen Artikel.

1375) Bei einer allgemeinen Anfrage bittet man um Prospekte und Kataloge.

1376) Der Betreff einer Anfrage sollte immer "Bestellung" lauten.

1377) In der Einleitung erwähnt man, wie man auf den Anbieter aufmerksam wurde.

1378) Angebote an die Allgemeinheit sind rechtlich verbindlich.

1379) Ein Angebot im rechtlichen Sinne richtet sich an eine bestimmte Person.

1380) Verlangte Angebote werden vom Verkäufer von sich aus unterbreitet.

1381) Unbefristete Angebote per Brief gelten eine Woche.

1382) Unbefristete Angebote per E-Mail gelten einen Tag bis Geschäftsschluss.

1383) Ein Angebot wird ungültig, wenn es nicht beachtet wird.

1384) Ein Widerruf muss nach dem Angebot eintreffen.

1385) Ein Angebot muss Angaben über Art und Güte der Ware enthalten.

1386) Zahlungsbedingungen müssen nicht im Angebot stehen.

1387) Quantitative Kriterien beim Angebotsvergleich umfassen nur den Listenpreis.

1388) Qualitative Kriterien beinhalten die Qualität und Beschaffenheit der Ware.

1389) Service und Garantie sind quantitative Kriterien.

1390) Freizeichnungsklauseln schränken Angebote ein.

1391) Solange Vorrat reicht ist eine Freizeichnungsklausel.

1392) Unbefristete Angebote per Gespräch gelten solange wie das Gespräch dauert.

1393) Eine Bestellung zu spät gilt als neuer Antrag.

1394) Bei Abänderung des Angebots ist eine Auftragsbestätigung zwingend.

1395) Externe Bezugsquellen können auch Messen und Fachzeitschriften sein.

1396) Eine bestimmte Anfrage enthält genaue Bezeichnung und Beschreibung der Ware.

1397) Ein Kaufvertrag kommt durch einen Antrag und dessen Annahme zustande.

1398) Antrag und Annahme müssen inhaltlich übereinstimmen.

1399) Eine Bestellung ist immer formgebunden.

1400) Eine Auftragsbestätigung entfällt bei sofortiger Lieferung.

1401) Eine Auftragsbestätigung ist zwingend bei unverbindlichen Angeboten.

1402) Fernabsatzverträge kommen ohne direkten Kontakt der Vertragsparteien zustande.

1403) Im Onlinehandel ist ein Widerruf binnen 7 Tagen möglich.

1404) Ein einseitiger Handelskauf findet zwischen zwei Kaufleuten statt.

1405) Ein Stückkauf bezieht sich auf den Kauf eines Einzelstücks.

1406) Ein Kauf auf Probe beinhaltet ein Rückgaberecht innerhalb einer Frist.

1407) Persönliche Vereinbarungen haben Vorrang vor den AGB.

1408) Eine Auftragsbestätigung ist sinnvoll bei größeren Beträgen und längeren Lieferzeiten.

1409) Die Inhalte von Kaufverträgen können frei vereinbart werden.

1410) Bei "ab Werk" trägt der Verkäufer alle Versandkosten.

1411) Ein Fixkauf hat einen festen Liefertermin.

1412) Bei Skonto handelt es sich um einen Preisnachlass bei vorzeitiger Zahlung.

1413) Der gesetzliche Erfüllungsort bei Warenschulden ist der Wohn- oder Geschäftssitz des Käufers.

1414) Naturalrabatt bedeutet Ware als Zugabe.

1415) Bei "30 Tage netto" wird der Rechnungsbetrag innerhalb von 30 Tagen ohne Skonto gezahlt.

1416) Ein Bonus ist ein Rabatt am Jahresende bei einem bestimmten Jahresumsatz.

1417) Kaufverträge sind Verpflichtungsgeschäfte.

1418) Der Käufer hat die Pflicht zur Annahme und Bezahlung der Ware.

1419) Der Verkäufer muss die Ware mangelhaft liefern.

1420) Der Verkäufer muss die Ware rechtzeitig liefern.

1421) Der Verkäufer muss die Ware an den richtigen Ort liefern.

1422) Der Verkäufer hat die Pflicht, Geld anzunehmen.

1423) Das Eigentum wird nur durch Einigung übertragen.

1424) Störungen treten ein, wenn Verpflichtungen nicht eingehalten werden.

1425) Zahlungsverzug ist eine Störung aufseiten des Verkäufers.

1426) Annahmeverzug ist eine Störung aufseiten des Käufers.

1427) Mangelhafte Lieferung ist eine Störung aufseiten des Verkäufers.

1428) Lieferungsverzug ist eine Störung aufseiten des Käufers.

1429) Der Verkäufer muss das Eigentum durch Einigung und Übergabe übertragen.

1430) Nur der Käufer kann Vertragsstörungen verursachen.

1431) Beide Vertragspartner können Störungen verursachen.

1432) Der Verkäufer muss die Ware mangelfrei liefern.

1433) Zahlungsverzug liegt vor, wenn der Käufer den Kaufpreis schuldhaft nicht rechtzeitig zahlt.

1434) Bei kalendermäßig bestimmter Fälligkeit beginnt der Zahlungsverzug automatisch nach 30 Tagen.

1435) Mahnungen sind immer formgebunden.

1436) Das kaufmännische Mahnverfahren umfasst bis zu drei Mahnungen.

1437) Die regelmäßige Verjährungsfrist von Forderungen beträgt drei Jahre.

1438) Die Verjährung beginnt am Ende des jeweiligen Kalenderjahres.

1439) Offene Mängel müssen unverzüglich nach Entdecken gerügt werden.

1440) Die Gewährleistungsfrist bei digitalen Produkten beträgt ein Jahr.

1441) Versteckte Mängel müssen spätestens innerhalb von 2 Jahren gerügt werden.

1442) Nacherfüllung ist ein nachrangiges Recht des Käufers.

1443) Bei Lieferungsverzug ist eine Mahnung immer erforderlich.

1444) Höhere Gewalt ist ein Verschuldensgrund.

1445) Bei Fixkauf ist keine Mahnung erforderlich.

1446) Arglistig verschwiegene Mängel verjähren nach drei Jahren.

1447) Rücktritt und Minderung sind vorrangige Rechte bei mangelhafter Lieferung.

1448) Schadenersatz ist bei mangelhafter Lieferung immer möglich.

1449) Zahlungsverzug liegt vor, wenn der Käufer den Kaufpreis schuldhaft nicht oder nicht rechtzeitig zahlt.

1450) Bei kalendermäßig bestimmter Fälligkeit beginnt der Zahlungsverzug einen Tag später ohne weitere Mahnung.

1451) Bei nicht kalendermäßig bestimmter Fälligkeit beginnt der Zahlungsverzug automatisch nach 30 Tagen.

1452) Der Verkäufer hat bei Zahlungsverzug Anspruch auf Verzugszinsen und Mahnkosten.

1453) Mahnungen sind immer formgebunden und müssen schriftlich erfolgen.

1454) Das kaufmännische Mahnverfahren umfasst maximal drei Mahnungen.

1455) Die erste Mahnung ist oft zunächst telefonisch, dann schriftlich.

1456) Bei der dritten Mahnung wird eine letzte Frist gesetzt und Anwalt angedroht.

1457) Das gerichtliche Mahnverfahren beginnt mit einem Antrag auf Erlass eines Mahnbescheides.

1458) Bei Widerspruch gegen den Mahnbescheid folgt automatisch die Zwangsvollstreckung.

1459) Bei Schweigen auf den Vollstreckungsbescheid kann die Zwangsvollstreckung eingeleitet werden.

1460) Die regelmäßige Verjährungsfrist von Forderungen beträgt drei Jahre.

1461) Die Verjährung beginnt am Ende des jeweiligen Kalenderjahres.

1462) Hemmung verlängert die Verjährung um sechs Monate.

1463) Bei Unterbrechung beginnt die Verjährung neu zu laufen.

1464) Lebensnotwendige Sachen und Arbeitsmittel sind nicht pfändbar.

1465) Offene Mängel müssen unverzüglich nach Entdecken gerügt werden.

1466) Die Gewährleistungsfrist bei digitalen Produkten beträgt ein Jahr.

1467) Nacherfüllung ist ein vorrangiges Recht und muss zuerst in Anspruch genommen werden.

1468) Ab dem 13. Monat muss der Verkäufer beweisen, dass der Mangel schon bei Lieferung vorlag.

1469) Lieferungsverzug liegt vor, wenn der Liefertermin überschritten wird und eine Mahnung erfolgt ist.

1470) Bei Fixkauf ist eine Mahnung und angemessene Nachfrist erforderlich.

1471) Höhere Gewalt wie Feuer oder Naturkatastrophen ist ein Verschuldensgrund.

1472) Bei Lieferungsverzug hat der Käufer Anspruch auf Lieferung, Rücktritt und Schadenersatz.

1473) Der Behandlungsvertrag ist ein zweiseitiges Rechtsgeschäft und formfrei.

1474) Es handelt sich um einen Dienstvertrag ohne Erfolgsgarantie.

1475) Vertragszahnärzte müssen alle Patienten behandeln, auch Notfälle.

1476) Der Behandlungsvertrag kann jederzeit durch Patienten ohne Angabe von Gründen gekündigt werden.

1477) Der Zahnarzt hat eine Behandlungspflicht, aber keine Erfolgsgarantie.

1478) Die Schweigepflicht bezieht sich nur auf medizinische Angelegenheiten der Patienten.

1479) Patienten haben eine Offenbarungspflicht über aktuelle und frühere Krankheiten.

1480) Der Anamnesebogen sollte alle fünf Jahre aktualisiert werden.

1481) Der Zahnarzt muss sich um Verbesserung des Gesundheitszustandes bemühen ohne Erfolgsgarantie.

1482) Die Sorgfaltspflicht bedeutet Behandlung nach "Lege artis".

1483) Die Aufklärung muss rechtzeitig vorher erfolgen, damit der Patient eine wohlüberlegte Entscheidung treffen kann.

1484) Kinder unter 14 Jahren haben grundsätzlich die erforderliche Einwilligungsfähigkeit.

1485) Eine Behandlung gegen den Willen der Patienten ist eine strafbare Körperverletzung.

1486) Die Schweigepflicht gilt nur für das zahnärztliche Personal, nicht für Auszubildende.

1487) Die Dokumentationspflicht umfasst Untersuchungsergebnisse, Diagnosen und Therapiemaßnahmen.

1488) Anamnese und Aufklärung sind delegierbare Leistungen an ZFA.

1489) Röntgen ist nur unter Anleitung und Aufsicht des Zahnarztes delegierbar.

1490) Der Zahnarzt haftet bei Behandlungsfehlern der Mitarbeiter bei delegierten Leistungen.

1491) Die Berufshaftpflichtversicherung schützt auch bei Vorsatz und grober Fahrlässigkeit.

1492) ZFA sind bei verursachten Schäden durch Vorsatz oder Fahrlässigkeit zum Schadenersatz verpflichtet.

1493) Patienten müssen wahre und vollständige Informationen über aktuelle und frühere Krankheiten geben.

1494) Der Anamnesebogen sollte alle zwei Jahre aktualisiert werden.

1495) Kassenpatienten müssen bei nicht vorliegender eGK binnen zehn Tagen eine Privatrechnung zahlen.

1496) Bei verspätetem Erscheinen im Bestellsystem gerät der Patient in Annahmeverzug.

1497) Privatpatienten zahlen Behandlungs- und Laborkosten per Privatrechnung.

1498) Die Einwilligungserklärung muss immer schriftlich erfolgen.

1499) Patienten sind zur Mitwirkung und Befolgung ärztlicher Anweisungen verpflichtet.

1500) Bei nicht vorliegender eGK muss diese binnen zehn Tagen nachgereicht werden.

Antwortschlüssel

R = Richtig, F = Falsch

1) R	26) F	51) R	76) R	101) F	126) R
2) F	27) F	52) F	77) F	102) R	127) R
3) R	28) F	53) R	78) R	103) R	128) R
4) R	29) F	54) R	79) F	104) F	129) R
5) F	30) R	55) R	80) R	105) R	130) F
6) R	31) R	56) F	81) F	106) F	131) R
7) F	32) R	57) R	82) R	107) R	132) F
8) F	33) R	58) F	83) F	108) R	133) F
9) R	34) R	59) R	84) R	109) R	134) R
10) F	35) R	60) R	85) R	110) R	135) R
11) R	36) R	61) R	86) F	111) F	136) R
12) R	37) F	62) R	87) F	112) R	137) F
13) F	38) R	63) R	88) R	113) R	138) F
14) F	39) R	64) R	89) F	114) R	139) R
15) R	40) R	65) R	90) R	115) F	140) F
16) F	41) F	66) F	91) R	116) R	141) R
17) R	42) R	67) R	92) R	117) R	142) R
18) F	43) R	68) F	93) F	118) F	143) R
19) R	44) R	69) R	94) R	119) R	144) R
20) R	45) R	70) F	95) R	120) R	145) R
21) R	46) R	71) R	96) R	121) R	146) F
22) F	47) R	72) R	97) F	122) R	147) R
23) R	48) F	73) R	98) R	123) F	148) R
24) R	49) R	74) F	99) F	124) R	149) R
25) R	50) R	75) F	100) R	125) F	150) R

151) F	182) F	213) R	244) F	275) R	306) F
152) R	183) F	214) R	245) R	276) R	307) R
153) R	184) F	215) R	246) F	277) R	308) R
154) F	185) R	216) F	247) R	278) R	309) R
155) R	186) F	217) F	248) R	279) F	310) R
156) F	187) R	218) R	249) F	280) R	311) F
157) R	188) R	219) F	250) R	281) R	312) R
158) F	189) R	220) R	251) R	282) R	313) R
159) R	190) R	221) F	252) R	283) R	314) R
160) R	191) R	222) R	253) F	284) F	315) R
161) R	192) F	223) F	254) R	285) R	316) F
162) F	193) F	224) R	255) R	286) F	317) F
163) R	194) R	225) R	256) R	287) F	318) R
164) R	195) R	226) R	257) F	288) F	319) F
165) R	196) R	227) R	258) R	289) R	320) R
166) R	197) F	228) F	259) R	290) R	321) R
167) F	198) R	229) R	260) R	291) F	322) F
168) R	199) F	230) R	261) F	292) R	323) R
169) R	200) F	231) R	262) R	293) F	324) F
170) R	201) R	232) F	263) R	294) R	325) R
171) R	202) F	233) R	264) R	295) R	326) F
172) R	203) R	234) F	265) R	296) F	327) F
173) R	204) R	235) R	266) R	297) R	328) R
174) R	205) F	236) R	267) R	298) F	329) R
175) R	206) R	237) F	268) R	299) R	330) R
176) R	207) F	238) R	269) F	300) F	331) R
177) R	208) R	239) R	270) F	301) R	332) F
178) R	209) F	240) R	271) F	302) R	333) R
179) F	210) R	241) R	272) R	303) R	334) F
180) F	211) F	242) F	273) F	304) R	335) R
181) F	212) F	243) R	274) R	305) R	336) F

337) R	368) R	399) R	430) R	461) R	492) R
338) R	369) R	400) R	431) F	462) R	493) R
339) R	370) R	401) R	432) R	463) R	494) R
340) F	371) R	402) R	433) F	464) F	495) F
341) R	372) F	403) R	434) R	465) R	496) R
342) R	373) R	404) F	435) R	466) R	497) R
343) R	374) F	405) R	436) F	467) F	498) R
344) F	375) R	406) R	437) R	468) R	499) R
345) R	376) F	407) R	438) R	469) R	500) F
346) F	377) R	408) F	439) F	470) R	501) R
347) F	378) F	409) R	440) R	471) F	502) R
348) R	379) R	410) R	441) R	472) R	503) R
349) R	380) F	411) R	442) R	473) F	504) F
350) F	381) R	412) F	443) F	474) R	505) R
351) R	382) F	413) R	444) R	475) R	506) R
352) F	383) R	414) R	445) R	476) F	507) F
353) R	384) R	415) R	446) F	477) R	508) R
354) R	385) R	416) F	447) R	478) R	509) R
355) F	386) R	417) R	448) R	479) F	510) R
356) R	387) R	418) R	449) R	480) R	511) R
357) F	388) R	419) F	450) R	481) R	512) F
358) R	389) R	420) R	451) R	482) R	513) R
359) R	390) F	421) R	452) F	483) R	514) R
360) F	391) R	422) R	453) R	484) F	515) F
361) R	392) R	423) R	454) R	485) R	516) R
362) F	393) R	424) F	455) F	486) R	517) F
363) R	394) R	425) R	456) R	487) F	518) R
364) R	395) R	426) R	457) F	488) R	519) F
365) R	396) F	427) F	458) R	489) R	520) R
366) R	397) R	428) R	459) F	490) F	521) R
367) F	398) F	429) R	460) R	491) F	522) R

523) R	554) F	585) R	616) R	647) R	678) R
524) R	555) R	586) F	617) R	648) R	679) R
525) F	556) F	587) R	618) F	649) R	680) R
526) R	557) R	588) R	619) R	650) R	681) R
527) R	558) F	589) R	620) F	651) F	682) R
528) R	559) R	590) F	621) R	652) R	683) R
529) R	560) F	591) R	622) F	653) F	684) R
530) F	561) R	592) R	623) R	654) R	685) F
531) R	562) R	593) R	624) F	655) R	686) R
532) R	563) F	594) F	625) R	656) F	687) R
533) F	564) R	595) R	626) R	657) R	688) R
534) F	565) R	596) F	627) R	658) R	689) R
535) R	566) R	597) R	628) F	659) R	690) R
536) R	567) F	598) F	629) R	660) R	691) R
537) R	568) R	599) R	630) R	661) R	692) R
538) F	569) F	600) F	631) R	662) R	693) R
539) R	570) R	601) R	632) F	663) R	694) R
540) R	571) R	602) F	633) R	664) F	695) R
541) R	572) F	603) R	634) F	665) R	696) R
542) R	573) R	604) F	635) R	666) R	697) R
543) R	574) R	605) R	636) R	667) R	698) R
544) F	575) F	606) R	637) R	668) R	699) R
545) R	576) R	607) R	638) R	669) R	700) R
546) R	577) R	608) R	639) F	670) R	701) R
547) F	578) F	609) F	640) R	671) R	702) R
548) R	579) R	610) F	641) R	672) F	703) R
549) R	580) R	611) R	642) R	673) R	704) R
550) R	581) R	612) R	643) F	674) R	705) R
551) F	582) F	613) F	644) R	675) F	706) R
552) R	583) R	614) R	645) R	676) R	707) R
553) R	584) R	615) F	646) F	677) R	708) R

709) R	740) F	771) R	802) R	833) R	864) R
710) R	741) R	772) R	803) R	834) R	865) R
711) F	742) R	773) R	804) R	835) R	866) R
712) R	743) R	774) R	805) R	836) R	867) R
713) R	744) F	775) F	806) F	837) R	868) R
714) R	745) R	776) F	807) F	838) R	869) R
715) R	746) R	777) F	808) F	839) R	870) F
716) R	747) R	778) F	809) R	840) R	871) R
717) R	748) F	779) R	810) R	841) R	872) R
718) R	749) R	780) R	811) F	842) F	873) R
719) R	750) F	781) F	812) R	843) F	874) R
720) R	751) R	782) R	813) R	844) R	875) R
721) R	752) R	783) R	814) R	845) R	876) F
722) F	753) R	784) R	815) F	846) R	877) R
723) R	754) R	785) F	816) R	847) R	878) R
724) R	755) R	786) F	817) R	848) R	879) R
725) R	756) F	787) R	818) R	849) R	880) F
726) R	757) R	788) R	819) R	850) R	881) R
727) R	758) F	789) R	820) R	851) R	882) R
728) R	759) R	790) R	821) F	852) F	883) R
729) R	760) R	791) R	822) R	853) R	884) F
730) R	761) R	792) R	823) F	854) R	885) R
731) R	762) R	793) R	824) R	855) R	886) R
732) R	763) R	794) R	825) R	856) R	887) F
733) F	764) R	795) R	826) R	857) R	888) R
734) R	765) R	796) R	827) F	858) R	889) R
735) R	766) R	797) F	828) R	859) F	890) R
736) R	767) R	798) R	829) R	860) R	891) R
737) R	768) R	799) R	830) R	861) R	892) F
738) R	769) R	800) R	831) R	862) R	893) R
739) R	770) R	801) R	832) F	863) R	894) R

895) R	926) F	957) R	988) F	1019) F	1050) R
896) F	927) R	958) F	989) R	1020) R	1051) F
897) R	928) F	959) R	990) F	1021) F	1052) R
898) R	929) F	960) R	991) R	1022) R	1053) R
899) R	930) R	961) R	992) R	1023) R	1054) F
900) F	931) R	962) F	993) R	1024) F	1055) R
901) R	932) F	963) R	994) F	1025) R	1056) R
902) R	933) R	964) F	995) R	1026) R	1057) R
903) R	934) F	965) R	996) R	1027) F	1058) F
904) F	935) R	966) R	997) R	1028) R	1059) R
905) R	936) F	967) R	998) F	1029) R	1060) R
906) R	937) R	968) F	999) R	1030) R	1061) R
907) R	938) F	969) R	1000) F	1031) R	1062) R
908) F	939) R	970) R	1001) R	1032) R	1063) F
909) R	940) F	971) R	1002) F	1033) R	1064) R
910) R	941) R	972) R	1003) R	1034) F	1065) R
911) R	942) F	973) F	1004) F	1035) R	1066) R
912) F	943) R	974) R	1005) R	1036) R	1067) R
913) R	944) F	975) F	1006) F	1037) R	1068) F
914) F	945) R	976) R	1007) R	1038) R	1069) R
915) R	946) F	977) R	1008) F	1039) R	1070) F
916) F	947) R	978) F	1009) R	1040) R	1071) F
917) R	948) F	979) R	1010) R	1041) R	1072) R
918) F	949) R	980) R	1011) R	1042) R	1073) R
919) R	950) F	981) R	1012) F	1043) R	1074) R
920) F	951) R	982) F	1013) R	1044) F	1075) R
921) R	952) F	983) R	1014) F	1045) R	1076) F
922) F	953) R	984) R	1015) R	1046) R	1077) R
923) R	954) F	985) R	1016) ZF	1047) R	1078) R
924) F	955) R	986) R	1017) R	1048) F	1079) F
925) R	956) F	987) R	1018) R	1049) R	1080) R

1081) R	1112) R	1143) R	1174) F	1205) R	1236) F
1082) R	1113) R	1144) F	1175) R	1206) R	1237) R
1083) F	1114) R	1145) R	1176) R	1207) R	1238) R
1084) R	1115) F	1146) R	1177) R	1208) F	1239) F
1085) R	1116) R	1147) R	1178) R	1209) R	1240) R
1086) R	1117) R	1148) F	1179) R	1210) R	1241) R
1087) F	1118) R	1149) R	1180) F	1211) F	1242) R
1088) R	1119) R	1150) R	1181) R	1212) F	1243) R
1089) R	1120) F	1151) R	1182) R	1213) R	1244) F
1090) R	1121) R	1152) R	1183) F	1214) R	1245) R
1091) F	1122) R	1153) R	1184) R	1215) F	1246) R
1092) R	1123) R	1154) R	1185) R	1216) R	1247) F
1093) R	1124) F	1155) R	1186) R	1217) R	1248) R
1094) R	1125) R	1156) F	1187) F	1218) F	1249) R
1095) F	1126) R	1157) R	1188) R	1219) R	1250) R
1096) R	1127) F	1158) R	1189) R	1220) F	1251) R
1097) R	1128) R	1159) R	1190) R	1221) R	1252) F
1098) R	1129) R	1160) R	1191) R	1222) R	1253) R
1099) F	1130) R	1161) R	1192) F	1223) R	1254) R
1100) R	1131) R	1162) R	1193) R	1224) F	1255) R
1101) R	1132) F	1163) R	1194) F	1225) R	1256) R
1102) R	1133) R	1164) F	1195) R	1226) F	1257) R
1103) R	1134) R	1165) R	1196) F	1227) R	1258) R
1104) F	1135) R	1166) R	1197) R	1228) R	1259) F
1105) R	1136) F	1167) R	1198) R	1229) R	1260) R
1106) R	1137) R	1168) R	1199) R	1230) R	1261) R
1107) R	1138) R	1169) R	1200) R	1231) R	1262) R
1108) F	1139) R	1170) R	1201) F	1232) F	1263) R
1109) R	1140) F	1171) R	1202) R	1233) R	1264) R
1110) R	1141) R	1172) R	1203) F	1234) R	1265) F
1111) F	1142) R	1173) R	1204) R	1235) R	1266) R

1267) R	1298) F	1329) R	1360) F	1391) R	1422) R
1268) R	1299) R	1330) R	1361) R	1392) R	1423) F
1269) R	1300) F	1331) F	1362) F	1393) R	1424) R
1270) R	1301) R	1332) R	1363) R	1394) R	1425) F
1271) F	1302) R	1333) R	1364) R	1395) R	1426) R
1272) R	1303) R	1334) R	1365) R	1396) R	1427) R
1273) F	1304) R	1335) R	1366) R	1397) R	1428) F
1274) R	1305) R	1336) F	1367) F	1398) R	1429) R
1275) R	1306) R	1337) R	1368) F	1399) F	1430) F
1276) F	1307) F	1338) R	1369) R	1400) R	1431) R
1277) R	1308) R	1339) R	1370) F	1401) R	1432) R
1278) R	1309) R	1340) F	1371) F	1402) R	1433) R
1279) F	1310) F	1341) R	1372) R	1403) F	1434) F
1280) R	1311) R	1342) F	1373) R	1404) F	1435) F
1281) R	1312) F	1343) R	1374) R	1405) R	1436) R
1282) R	1313) R	1344) R	1375) R	1406) R	1437) R
1283) R	1314) R	1345) R	1376) F	1407) R	1438) R
1284) R	1315) R	1346) R	1377) R	1408) R	1439) R
1285) F	1316) F	1347) R	1378) F	1409) R	1440) F
1286) R	1317) R	1348) F	1379) R	1410) F	1441) R
1287) R	1318) R	1349) R	1380) F	1411) R	1442) F
1288) R	1319) R	1350) R	1381) R	1412) R	1443) F
1289) R	1320) F	1351) R	1382) R	1413) F	1444) F
1290) F	1321) R	1352) F	1383) R	1414) R	1445) R
1291) R	1322) R	1353) R	1384) F	1415) R	1446) R
1292) F	1323) F	1354) F	1385) R	1416) R	1447) F
1293) R	1324) R	1355) R	1386) F	1417) R	1448) R
1294) R	1325) R	1356) F	1387) F	1418) R	1449) R
1295) Z	1326) F	1357) R	1388) ZF	1419) F	1450) R
1296) R	1327) R	1358) R	1389) F	1420) R	1451) R
1297) R	1328) R	1359) F	1390) R	1421) R	1452) R

1453) F	1461) R	1469) R	1477) R	1485) R	1493) R
1454) R	1462) R	1470) F	1478) F	1486) F	1494) R
1455) R	1463) R	1471) F	1479) R	1487) R	1495) F
1456) R	1464) R	1472) R	1480) F	1488) F	1496) R
1457) R	1465) R	1473) R	1481) R	1489) R	1497) R
1458) F	1466) F	1474) R	1482) R	1490) R	1498) F
1459) R	1467) R	1475) F	1483) R	1491) F	1499) R
1460) R	1468) F	1476) R	1484) F	1492) R	1500) R